Vos premiers pas avec SAP® Contrôle de gestion (CO)

Ashish Sampat

Merci d'avoir acheté ce livre d'Espresso Tutorials !

Telle une tasse de café, un expresso bien sûr, les livres sur SAP d'Espresso Tutorials sont concentrés et agissent sur la performance. Nous comprenons que le temps vous est compté et mettons ainsi à votre disposition, avec concision et simplicité, ce qu'il vous faut savoir. Nos lecteurs n'ont besoin que de peu de temps pour absorber les concepts de SAP. Nos livres sont reconnus par nos pairs pour leur pédagogie de type tutoriel et leurs vidéos démontrant pas à pas comment bien manier SAP.

Suivez notre chaine YouTube et regardez nos vidéos à :

https://www.youtube.com/user/EspressoTutorials.

Sélection d'ouvrages similaires d'Espresso Tutorials :

- ▶ Sydnie McConnell, Martin Munzel : Vos premiers pas avec SAP®
  http://5184.espresso-tutorials.com
- ▶ Ann Cacciottoli : Vos premiers pas avec SAP® Finance (FI)
  http://5185.espresso-tutorials.com
- ▶ Dominique Laurent : SAP® Contrôle des coûts par produit (CO-PC)
  http://5189.espresso-tutorials.com

Ashish Sampat
Vos premiers pas avec SAP® Contrôle de gestion (CO)

ISBN :	978-1-978362-35-2
Édition :	Alice Adams
Révisions :	Sylvie Pons
Traduction :	ProLinguo
Couverture :	Philip Esch, Martin Munzel
Photo de couverture :	istockphoto # 13841366 (c) YanLev
Conception graphique :	Johann-Christian Hanke

Tous droits réservés.

1ère édition 2017, Gleichen

© 2017 by Espresso Tutorials GmbH

URL : *www.espresso-tutorials.com*

Commentaires
Nous vous serions reconnaissants de nous adresser vos commentaires sur ce livre. Merci de nous écrire à : *info@espresso-tutorials.com*.

Table des matières

Remerciements

Il y a des années, un collègue m'avait fait découvrir un livre intitulé *Le But : Un processus de progrès permanent* d'Eliyahu M. Goldratt. Véritable best-seller, ce roman de gestion explique la théorie des contraintes à travers une histoire facile à comprendre. Son explication simple d'une thématique très complexe m'impressionna. J'ai lu le livre plusieurs fois et, à chaque lecture, mon admiration pour l'auteur grandissait.

Il y a peu, alors que j'expliquais la conception SAP d'un client à un collègue consultant, il me demanda soudain si j'allais écrire un livre sur SAP. Cela m'a tout d'abord décontenancé, puis je me suis dit : « Après tout, pourquoi pas ? ». Je décidai donc d'attendre une occasion propice afin de me dévouer à ce projet.

Celle-ci se présenta lorsque l'équipe d'Espresso Tutorials me contacta au sujet d'un projet potentiel d'écriture de livre. Très peu d'ouvrages présentent le module SAP Contrôle de gestion ; nous nous sommes donc dit qu'un tel livre pourrait servir aux lecteurs. Alors que je travaillais sur ses grandes lignes, j'ai pensé que je pourrais suivre le format de *Le But*. C'est ainsi que le présent livre suit Alex, un spécialiste des questions financières qui apprend son nouveau travail d'analyste des coûts de division chez Global Confectioners, Inc.

Je souhaiterais remercier l'équipe d'Espresso Tutorials, notamment Martin Munzel, de m'avoir donné l'opportunité d'écrire ce livre, et Alice Adams, qui s'est armée de courage et de patience pour éditer ce livre tout en m'encourageant en permanence à utiliser des suggestions de forme et de fond.

Je veux également remercier ma famille, mes amis, mes collègues et mes collègues consultants SAP des encouragements et du soutien continus qu'ils m'ont apportés pendant l'écriture de ce livre. Enfin, ma femme, Meenal, et nos enfants, Megha et Jash, qui m'ont exhorté à prendre le temps de finaliser le manuscrit.

J'ai pris beaucoup de plaisir à écrire ce livre, j'espère que vous en prendrez autant à le lire.

Préface

On saisit mieux la nature intégrée du logiciel de gestion d'entreprise SAP lorsque l'on comprend la complexité de SAP Contrôle de gestion. Cet ouvrage s'adresse aux novices qui recherchent une présentation du module de contrôle de gestion SAP.

L'histoire se passe chez Global Confectioners, Inc. (GCI), fabricant fictif de chocolat, et son usine de Chocotown, et fait découvrir au lecteur différents scénarios quotidiens de plusieurs fonctions clés : gestion financière de division, production, gestion des stocks et systèmes d'information. À travers Alex, qui apprend son nouveau métier d'analyste des coûts de Chocotown, le lecteur découvre les concepts de SAP Contrôle de gestion à l'aide de différents exemples tirés de l'intrigue. Alex apprend de nouvelles choses tous les jours grâce à son supérieur et ses collègues chez GCI.

Ce livre illustre certains des concepts complexes de SAP Contrôle de gestion par une démarche d'étude de cas. Les personnages de l'histoire interagissent par des dialogues et questions ; les concepts sont expliqués à l'aide d'exemples de problématiques auxquelles l'équipe est confrontée.

Ce livre constitue une lecture idéale pour quiconque souhaite comprendre le module SAP Contrôle de gestion et son intégration avec d'autres modules. Que vous soyez nouveau dans une entreprise qui utilise un logiciel de gestion d'entreprise SAP, un membre d'une équipe de mise en œuvre SAP, ou un spécialiste des questions financières qui souhaite en apprendre davantage sur le logiciel de gestion d'entreprise SAP, ce livre répondra à nombre de vos questions. De plus, des captures d'écran apportent des exemples afin que vous puissiez véritablement visualiser le flux de données.

Nous avons ajouté quelques icônes pour vous permettre d'identifier les informations importantes. En voici quelques-unes :

Conseil

 Dans la rubrique des conseils, certaines informations sont mises en évidence, notamment des détails importants sur le sujet décrit et/ ou d'autres informations de caractère général.

Exemple

 Les exemples permettent de mieux illustrer un certain point en le reliant à des situations réelles.

Mise en garde

 Les mises en garde attirent l'attention sur des informations dont il vous faut tenir compte lorsque vous lisez les exemples proposés dans cet ouvrage en autonomie.

Dernièrement, une remarque concernant les droits d'auteur : toute capture d'écran publiée dans ce livre est la propriété de SAP SE. Tous les droits sont réservés par SAP SE. Les droits d'auteur s'étendent à toute image SAP dans cette publication. Dans un but de simplification, nous ne mentionnerons pas spécifiquement ces droits sous chaque capture d'écran.

1 Les personnages : Qui fait quoi chez GCI ?

Global Confectioners, Inc. (GCI) est une entreprise fictive qui produit des chocolats et autres confiseries. Nous utiliserons GCI comme étude de cas pour vous faire découvrir des scénarios réalistes d'utilisation de SAP Contrôle de gestion dans une usine de production. Comme toute autre société industrielle, GCI dispose d'un contrôleur financier (appelé également « contrôleur des coûts » voire simplement « contrôleur »), d'un directeur de la production, d'un contrôleur des stocks et d'une équipe d'assistance informatique sur site. Ce livre suit Alex, un analyste des coûts de division, récemment recruté par GCI. Alex n'a jamais utilisé le logiciel SAP et constitue un candidat idéal pour faire ce voyage avec vous, le lecteur.

1.1 Alex, analyste des coûts de division

« Bienvenue chez Global Confectioners, Inc. », s'exclama Iris, la gestionnaire des ressources humaines, à Alex. Alex avait rencontré Iris pendant l'entretien et la procédure d'embauche et la connaissait quelque peu.

Il était impatient de prendre son nouvel emploi d'analyste des coûts de division chez GCI, auprès de l'usine de production Chocotown. Il venait de quitter Fork-o-Lift Works (FLW), où il avait passé les deux dernières années à un poste similaire. La différence entre ces deux employeurs était que GCI opérait dans un secteur de gestion par processus, alors que FLW était dans la fabrication discrète. Alex avait hâte d'en savoir plus sur ce secteur et d'être confronté à de nouveaux défis professionnels.

Étant entré chez FLW directement après l'université, ces deux dernières années avaient été synonymes pour lui de formation sur le tas. Si un analyste des coûts de division n'est pas nécessairement un statisticien, il est important toutefois qu'il comprenne les systèmes et processus de gestion financière auxquels une entreprise a recours. Les personnes font partie intégrante des processus et des systèmes ; il n'est pas uniquement crucial de savoir qui est qui, mais aussi qui fait quoi.

« Je te propose de commencer par passer en revue quelques documents de RH, puis je te présenterai à ton supérieur, Bertrand », lui expliqua Iris. Par chance, Alex avait eu la présence d'esprit d'apporter les documents administratifs nécessaires. Tous ressemblaient aux documents qu'il avait dû remplir chez FLW, mis à part, bien sûr, le nom et le logo de l'entreprise. « J'espère que les choses vont devenir plus intéressantes maintenant », se dit-il.

« Bien, Alex, maintenant que la paperasserie est faite, allons au bureau de Bertrand, qui s'occupera de toi ensuite », déclara Iris. Une fois sur place, Iris prit congé en disant : « N'hésite surtout pas à me contacter si tu as le moindre problème ou la moindre question ».

« Merci beaucoup, c'est gentil », répondit Alex.

1.2   Bertrand, contrôleur de division et supérieur d'Alex

« Je suis ravi que tu sois là ! » s'exclama Bertrand. « Nous sommes très contents d'avoir trouvé un élément brillant comme toi pour renforcer notre équipe. »

Alex prit consciencieusement des notes pendant que Bertrand lui détaillait la structure du service et les tâches et responsabilités d'Alex.

« Nous allons bientôt lancer notre procédure de budgétisation annuelle et j'aimerais que tu connaisses les tenants et aboutissants du budget de l'année dernière. Voici le dossier que Kevin, ton prédécesseur, a préparé pour toi », dit Bertrand en montrant du doigt un classeur volumineux. « Étudie-le et n'hésite surtout pas à me poser toutes les questions que tu pourrais avoir. As-tu déjà travaillé sur SAP ? » lui demanda Bertrand.

« Non », répondit Alex. « FLW, mon précédent employeur, disposait d'un système maison. Mais j'ai beaucoup entendu parler de SAP par des amis et collègues qui l'ont utilisé et j'ai vraiment envie d'en savoir davantage. »

« Aucun problème », rétorqua Bertrand. « Si tu lis ce manuel que notre équipe informatique a rédigé, tout devrait se passer à merveille. Il contient de nombreuses informations intéressantes et te donnera un bon aperçu de la configuration du système. Je pense que tout cela devrait t'occuper pendant les trois ou quatre prochains jours. En attendant, nous ferons le nécessaire pour que tu aies accès au système. »

Alex était curieux et se demandait quel type de manuel pouvait prendre trois à quatre jours à parcourir. J'espère qu'il regorge d'exemples, pensa-t-il, ou il risque d'être ennuyeux à lire...

Bertrand reprit son explication : « Nous avons récemment eu quelques difficultés avec nos rapports mensuels d'ordre de process. Les chiffres dont nous rendons compte ne correspondent pas à ceux de l'équipe de production. J'aimerais que tu t'attèles à ce sujet dès que possible. Il y a une autre chose pour laquelle j'ai besoin de toi rapidement, ce sont les questions qu'a l'équipe de gestion des stocks à propos de la valorisation des stocks. »

« Bien sûr, je ferai de mon mieux », répondit Alex.

« Allez, maintenant, je vais te présenter l'équipe. » Joignant le geste à la parole, Bertrand se leva et se dirigea vers la porte.

Alex le suivit. Une odeur de cacao le saisit dès qu'ils entrèrent dans l'atelier de production du chocolat. Il était impatient de rencontrer l'équipe.

1.3   Charles, directeur de production

« Alex, je te présente Charles. Il est en charge de la production et sera ton premier interlocuteur pour toutes tes questions relatives à la production. Charles, Alex prend la place de Kevin et gérera toutes les questions que tu pourras te poser sur les coûts. »

« Bienvenue Alex, ravi de te rencontrer. Je suis impatient de travailler avec toi. » Les deux hommes se serrèrent la main.

Bertrand s'adressa à Charles en aparté : « Je n'ai pas encore eu le temps de jeter un œil à la question que tu m'as posée hier sur les écarts d'ordre de process, mais je te répondrai sous peu. »

« Pas de souci Bertrand, je comprends », répliqua Charles. « Avec la nouvelle ligne que nous ajoutons le mois prochain, je serai bien occupé pendant les semaines à venir, donc je n'aurai pas beaucoup de temps pour m'intéresser moi-même aux questions quotidiennes. Mais nous trouverons une solution. D'ailleurs, j'ai une réunion avec plusieurs vendeurs dans quelques minutes. Je dois vous laisser, à plus tard les gars ! » Charles quitta son bureau, Alex et Bertrand lui emboîtèrent le pas.

1.4   David, contrôleur des stocks

« Voici notre zone de réception et de stockage des matières premières », indiqua Bertrand. « Comme tu peux le voir, c'est le point de départ des opérations de l'usine. J'aimerais te présenter David, qui est responsable de la zone. »

Alex balaya du regard l'endroit qui l'entourait, avec tous les barils, bacs et étagères.

« David, voici Alex. Il est depuis aujourd'hui notre nouvel analyste des coûts de division », expliqua Bertrand.

« Ah oui, tu remplaces Kevin, n'est-ce pas ? » lui demanda David. « Nous t'attendions, sois le bienvenu chez GCI. Justement, mon équipe et moi lisions un rapport d'inventaire tout à l'heure et nous avions quelques questions sur la valorisation. Une fois que tu seras installé et que tu te seras familiarisé avec notre travail, tu pourras sans doute nous aider. D'ici-là, je devrai me contenter de Bertrand. »

1.5   Élise, assistance informatique financière

« Alex, toutes les personnes que tu as rencontrées jusqu'à présent sont des membres d'une équipe pluridisciplinaire », expliqua Bertrand. « Toutefois, la prochaine que je vais te présenter est en quelque sorte le prolongement de notre fonction de gestion financière. »

« Élise, voici Alex. Il est arrivé aujourd'hui. Je lui ai demandé de lire notre manuel de gestion financière et je sais que tu as participé à sa création. Alex, Élise connaît notre configuration de système SAP sur le bout des doigts, notamment en ce qui concerne la gestion financière et le calcul de coût de revient. C'est un grand atout pour notre assistance informatique. C'est souvent à elle que je m'adresse si j'ai des questions et je suis sûr que tu en feras de même. »

« Oh là », le reprit Élise, « tu exagères beaucoup Bertrand. Enchantée Alex, je suis ravie que tu sois parmi nous. Comme l'a dit Bertrand, prends le temps de lire le manuel, je suis là pour répondre à tes questions. »

« Merci Élise, heureux de te rencontrer », répondit Alex.

« Quelle journée ! », pensa-t-il. « Je dois vraiment me mettre à la tâche rapidement pour pouvoir répondre à toutes leurs questions ».

2 Le contrôle de gestion : Après tout, qu'essayons-nous de contrôler ?

« Celui qui dirige les autres est peut-être puissant, mais celui qui s'est maîtrisé lui-même a encore plus de pouvoir. »
Lao Tseu

Le terme *contrôle* peut être défini comme le processus permettant de canaliser les efforts dans une direction particulière, pour atteindre un certain but. Cela implique également de corriger le cap si nécessaire de façon à atteindre l'objectif défini. Dans le contexte de ce livre, *contrôle* renvoie au contrôle des coûts, en particulier dans le système ERP (Enterprise Resource Planning) de SAP. Dans ce chapitre, nous nous intéresserons aux modules et aux domaines d'application communément utilisés dans une entreprise qui utilise le logiciel SAP en guise de système d'enregistrement.

2.1 Aperçu du contrôle de gestion

Alex s'assit à son bureau et ouvrit le manuel de gestion financière. Enthousiaste à l'idée de découvrir le logiciel SAP, il entama la lecture. Le manuel donnait un aperçu de la suite logicielle SAP et de la manière dont GCI l'utilisait pour évaluer les processus de rationalisation. Plusieurs pages présentaient des instructions pas à pas pour se connecter au système SAP. Alex allait devoir attendre que l'on lui donne accès au système de GCI pour essayer lui-même, mais entre-temps, il pouvait déjà lire le manuel.

Ce dernier expliquait en détail les différents modules de SAP. Alex prenait des notes au fil de sa lecture.

2.1.1   Modules SAP

Gestion des articles (MM)

Débutant par l'approvisionnement d'articles pour l'entreprise à l'aide de commandes d'achat, *la Gestion des articles* se charge également des mouvements d'articles dans et entre les services. MM approvisionne la production en matières premières et autres composants. Une fois les produits fabriqués, le logiciel active le stockage des articles dans l'entrepôt pour qu'ils soient prêts à être expédiés au besoin. La plupart du temps, le logiciel SAP enregistre une opération financière lorsque des biens arrivent dans l'entreprise, y sont déplacés en son sein ou la quittent. Les fournisseurs envoient des factures et sont payés à une date ultérieure (en fonction des conditions de paiement), ce qui permet de finaliser la boucle du *processus d'approvisionnement*. Alex se rappela que cela s'appelait « une boucle d'approvisionnement » chez FLW.

Planification de la production (PP)

À travers la fonction planification des ressources de production (MRP), le module *Planification de la production* utilise les informations provenant des commandes clients, des prévisions de demande et des stocks disponibles afin d'organiser la production/l'approvisionnement. Cet outil suit la production d'articles finis et semi-finis, et les prépare pour l'étape suivante de consommation ou d'expédition. De la sorte, le système SAP utilise, dans ses calculs pour les rapports, les articles fournis par la gestion des articles ainsi que les heures de travail interne et les heures-machine, de même que les coûts additionnels de production des articles. Ici aussi, une opération financière est enregistrée lorsque des biens arrivent dans le service de production, y sont déplacés en son sein ou le quittent. Cela rappelait à Alex la boucle d'exécution de l'atelier chez FLW.

Administration des ventes (SD)

Le module d'*administration des ventes* suit l'activité à partir de l'arrivée d'une demande d'offre client (ou commande client), suivie plus tard par une expédition, et génère enfin une facture de vente. La boucle est bouclée quand le client procède au paiement (chez FLW, cela s'appelait « la boucle de gestion des commandes »). Si Alex ne s'attendait pas à ce

20

qu'une opération financière soit générée aux étapes de demande d'offre et de commande client, il comprit aisément les phases d'expédition, de facturation et de paiement, ainsi que les opérations menées à chacune d'entre elles.

Comptabilité financière (FI) et Contrôle de gestion (CO)

Maintenant qu'il comprenait mieux la fonction de chaîne d'approvisionnement et la façon dont elle était schématisée dans les modules MM, PP et SD, Alex saisissait comment ces opérations étaient enregistrées dans le module de comptabilité financière. À chaque fois qu'un mouvement de stock ou qu'une opération ayant une influence sur la gestion financière a lieu, le logiciel SAP enregistre immédiatement l'opération financière. Elle est ensuite généralement inscrite au grand livre (GL), dans les comptabilités clients (AR) et les comptabilités fournisseurs (AP). Chaque opération contient des informations de centre de profit ainsi que des détails supplémentaires pour le reporting.

Tout cela était logique pour Alex, mais il ne parvenait pas à comprendre le rôle que le module SAP Contrôle de gestion jouait dans cette structure. Le manuel de gestion financière expliquait que l'objectif de SAP Contrôle de gestion était d'enregistrer les opérations internes à l'entreprise. Le module gère la comptabilité des natures comptables (CEA), la comptabilité analytique des centres (CCA), le contrôle des frais généraux (OCM), le calcul du coût en fonction de l'activité (ABC), le calcul du coût de revient par produit (PC), l'analyse du compte de résultat (PA), tous utiles pour satisfaire aux exigences de reporting. De plus, la gestion des projets (PS) permet de suivre un projet d'immobilisation et sa conversion finale en immobilisation dans le module Comptabilité des immobilisations (AA). FI et CO font partie intégrante des boucles enregistrement/rapport et comptabilité/rapport. Chez FLW, ce processus s'appelait « finance/rapport ». En soit, deux noms différents pour un même concept.

2.2   Relation avec FI

Une phrase était écrite en grand et en gras : « **FI a pour objet la collecte de données et le reporting externe, tandis que CO sert au reporting interne.** » Grâce à son expérience, Alex comprenait ce qu'énonçait le manuel à propos du reporting d'entité légale et la remise de rapports à des organes externes. Son ancien employeur et les lois du pays lui imposaient de préparer une balance générale des comptes, un bilan et un compte de résultat, ainsi qu'une série d'autres rapports, comme des états de flux de trésorerie, des principes comptables et autres relevés réglementaires.

Les informations extra-financières, tel le volume de production, ne se retrouvent pas dans la balance générale des comptes. Elles peuvent toutefois représenter des statistiques intéressantes et utiles pour faire un rapport de performance à la direction. Cela signifie qu'il doit y avoir une discipline qui enregistre à la fois les informations nécessaires au reporting (obligatoire) externe et au-delà. Est-ce justement le contrôle de gestion ?

La différence entre FI et CO

 La Comptabilité financière (FI) a pour objet la collecte de données et le reporting externe, tandis que le Contrôle de gestion (CO) sert au reporting interne. Aussi, FI et CO sont très complémentaires. Le logiciel SAP est un système intégré et toutes les opérations financières sont rassemblées dans le module Comptabilité financière. Le module Contrôle de gestion permet de satisfaire aux exigences de reporting interne.

« Alors, pourquoi n'a-t-on pas un unique module, que l'on appellerait, par exemple, 'finances' ou 'rapports' ? » s'interrogea Alex. Il poursuivit sa lecture. C'est un système intégré et toutes les opérations sont rassemblées dans le module Comptabilité financière. Le module Contrôle de gestion permet de satisfaire aux exigences de reporting interne.

Alex comprit que s'il voulait imputer des coûts pour les envoyer d'un centre à un autre, FI pouvait s'en charger. Toutefois, il serait trop fastidieux de saisir ce type d'imputation à chaque fois que l'opération source aurait lieu. Le logiciel de GCI était programmé pour mener ces imputations à la fin du mois.

Alex se dit que GCI devait utiliser le module de contrôle de gestion à des fins de clôture mensuelle.

La clôture mensuelle comprend bien plus de tâches que la simple imputation des coûts. Ainsi, le calcul de l'amortissement est opéré par le module Comptabilité des immobilisations (AA), tandis que l'évaluation en devise étrangère et la comptabilisation de régularisation a lieu dans le GL. Quant au rapprochement bancaire, il est pris en charge dans les modules Banque et Trésorerie, etc. Toutes ces tâches sont effectuées par FI. CO envoie à FI les statistiques d'en-cours de fabrication (ECF) via le module de calcul du coût de revient par produit et permet de saisir certains coûts en détail. Par exemple, le coût de l'amortissement, qui peut être enregistré à l'échelle du centre de coûts, permet de ventiler les postes. L'on peut comparer FI à un large fleuve qui rassemble des données à partir de tous ses affluents (les modules), puis facilite le reporting interne sur CO et externe sur FI.

Alex prenait des notes : « FI et CO sont très complémentaires, mais auraient des difficultés à fonctionner seuls car ils dépendent l'un de l'autre. » Il se dit qu'il avait compris l'intrication entre les deux modules et qu'il avait hâte d'en savoir plus sur FI et CO.

2.3 Relation avec les autres modules SAP

Le manuel de gestion financière passait en revue d'autres liens captivants entre le module Contrôle de gestion et les autres. Les modules PP, SD et MM sont très liés, mais Alex voulait surtout en apprendre davantage sur la relation entre les fonctions de chaîne d'approvisionnement d'une part, et les modules FI et CO d'autre part, puisque cela allait faire partie intégrante de son travail au quotidien.

2.3.1 MM et CO-PC

Les coûts standard des articles obtenus sont calculés au début de la période dans le module Contrôle de gestion-Calcul du coût de revient par produit (CO-PC). Le coût standard est ensuite utilisé pour valoriser des stocks et enregistrer les mouvements de stock pendant le mois dans la Gestion des articles (MM).

2.3.2 MM et FI-GL + FI-AP + CO-PC

Le prix réel figurant sur la commande d'achat (tiré de MM) ainsi que sur l'entrée de facture venant du fournisseur (tirée de FI-AP) régule l'écart du prix d'achat dans la comptabilité (dans FI-GL) par rapport au prix standard de l'article (qui fait partie de CO-PC).

2.3.3 PP et CO-PC

Le coût d'une matière première est obtenu en multipliant les quantités mentionnées dans la nomenclature (BOM) par le prix d'approvisionnement de la matière première. Le coût de conversion est calculé en multipliant la quantité d'activité par le taux d'activité prédéterminé. La nomenclature et la gamme/recette (la recette inclut les étapes de fabrication d'un produit) font partie du module Planification de la production (PP). La production et les ordres de process enregistrent les coûts pendant le cycle de vie des commandes et permettent de calculer l'ECF/la variance à la fin du mois.

2.3.4 PP et CO-ABC

La production/les ordres de process utilisent les types d'activité confirmés pendant la production pour enregistrer les heures de main-d'œuvre et les heures-machine. Ils se servent de taux d'activité prédéterminés par un calcul du coût de revient fondé sur l'activité (CO-ABC).

2.3.5 MM et FI + CO-PC

Les achats d'approvisionnement sont directement facturés à un centre de coûts. Les matières premières sont inventoriées dans le bilan. La consommation des matières premières est inscrite dans les commandes.

2.3.6 MM et FI-AA

Les achats de biens d'équipement sont enregistrés dans un actif ou un projet d'équipement (ce qui fait partie de FI-AA).

2.3.7   SD et FI-GL + FI-AR + CO-PA

Les ventes client sont enregistrées dans FI-GL et FI-AR au moment de la facturation au client. De plus, l'analyse du compte de résultat (CO-PA) consigne ces informations dans des rapports multidimensionnels appelés « caractéristiques et composants de valeur ».

2.3.8   SD et CO-CCA/CO-OM

Les échantillons envoyés aux clients peuvent être facturés à un centre de coûts particulier (comptabilité analytique des centres, CO-CCA) ou à des ordres internes (gestion des coûts additionnels, CO-OM) à des fins de suivi et de reporting.

Le manuel expliquait ensuite que **le gestionnaire et le contrôleur financier constituent les deux fonctions les plus importantes dans un environnement SAP.** Le premier décide de ce qui sera produit et quand, tandis que le second conserve une trace de tous les coûts et écarts de la division. Tout cela dépend cependant de la demande que l'on suppose constante.

Rôles du gestionnaire et du contrôleur financier

Le gestionnaire et le contrôleur financier sont souvent considérés comme les deux clés de voute d'une entreprise qui utilise le logiciel de gestion d'entreprise SAP.

Alex se souvint avoir lu qu'une usine de production doit s'assurer de produire un produit de bonne qualité avec des niveaux de stocks optimaux, tout en ne perdant pas de vue les coûts. Il comprit alors que CO l'aiderait à mener à bien sa tâche chez GCI s'il utilisait efficacement les outils disponibles et respectait les procédés.

3 Le contrôle de structure organisationnelle : ça reste en famille

« Je ne peux pas compter sur un homme pour en contrôler d'autres s'il ne peut se contrôler lui-même. »
Robert E. Lee

Chaque entreprise est formée de différents services ou fonctions qui sont responsables de la mise en œuvre de stratégies, de les transposer dans la pratique et de gérer les activités quotidiennes. Ce type de structure par service ou fonction est également schématisé dans le système de gestion d'entreprise. Ce chapitre offre une vue d'ensemble du contrôle d'une structure d'entreprise dans le logiciel de gestion d'entreprise SAP.

Poursuivant sa lecture du manuel de gestion financière, Alex s'arrêta sur un chapitre traitant de la structure organisationnelle. Un graphique représentait la structure organisationnelle générale de GCI (voir Figure 3.1).

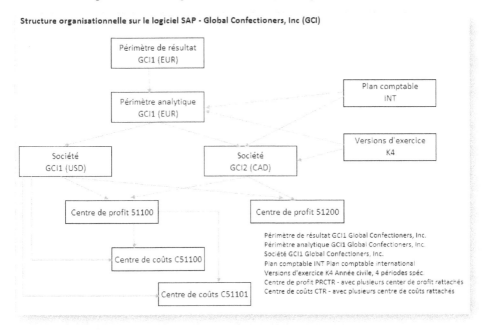

Figure 3.1 : Structure organisationnelle de GCI sur le logiciel SAP

Le manuel expliquait ensuite l'importance de la structure organisation-nelle dans le logiciel SAP.

La *structure organisationnelle du logiciel SAP* constitue la base de la structure générale dans laquelle les données de base et les données d'opération sont définies dans SAP. En bref, elle représente l'ossature du système. Une étape cruciale dans l'installation de SAP est la concep-tion et la configuration précises de la structure organisationnelle du logi-ciel : en effet, il est extrêmement difficile de modifier la structure une fois qu'elle est conçue, configurée et que des données d'opération sont en-registrées.

La structure organisationnelle du logiciel SAP reflète celle d'une entre-prise, ses exigences en matière de reporting et les processus du sys-tème SAP.

La structure organisationnelle d'une entreprise est cartographiée dans celle du système SAP. Cette étape fait partie des premières phases des projets d'installation de SAP. L'idée est de garantir un fonctionnement fluide des processus d'entreprise, non seulement d'un point de vue du traitement des opérations, mais aussi en ce qui concerne le reporting interne et externe.

La société est définie en fonction des entités légales. GCI ayant plus d'une seule entité légale, plusieurs sociétés (GCI1, GCI2, etc.) ont été définies pour faciliter le reporting externe. Il n'y a en revanche qu'un périmètre analytique de façon à permettre un meilleur regroupement à des fins de reporting interne.

3.1   Plan comptable

Le *plan comptable* est une liste des comptes généraux. Pour résumer sommairement, les comptes sont séparés entre actif et passif, puis en détails pour répondre aux besoins de l'entreprise. SAP est un système intégré et toutes les opérations sont enregistrées dans les finances, avec des comptes GL qui permettent la saisie de données. Le plan comptable offre une structure d'enregistrement des opérations afin de représenter fidèlement la santé financière et opérationnelle générale de l'entreprise.

Offrant une définition commune à toutes les entreprises, le plan comptable peut être utilisé pour plusieurs sociétés. Par ailleurs, il rationalise la consolidation financière des livres de l'entreprise pour plusieurs entités légales.

GCI étant une entreprise multinationale, elle a opté pour un plan comptable international (INT) permettant de consigner l'actif, le passif, les produits et les charges en vertu des normes comptables internationales.

Le plan comptable est géré avec la transaction de configuration OB13 (voir Figure 3.2). Le chemin de menus est le suivant : OUTILS • CUSTOMIZING • IMG • SPRO - TRAITEMENT DE PROJET • COMPTABILITE FINANCIERE (NOUVEAU) • COMPTABILITE GENERALE (NOUVELLE) • DONNEES DE BASE • COMPTES GENERAUX • PREPARATIONS • TRAITER LA LISTE DES PLANS COMPTABLES

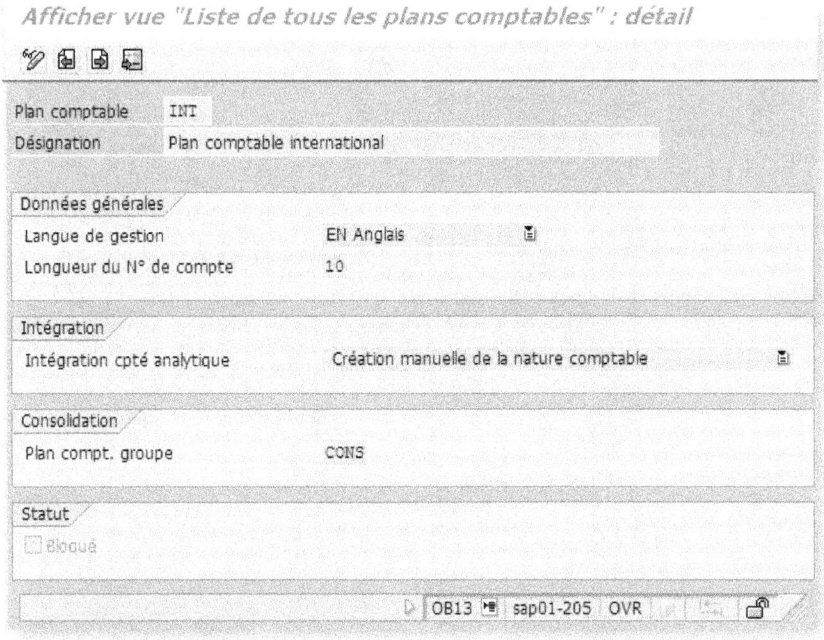

Afficher vue "Liste de tous les plans comptables" : détail

| Plan comptable | INT |
| Désignation | Plan comptable international |

Données générales

| Langue de gestion | EN Anglais |
| Longueur du N° de compte | 10 |

Intégration

| Intégration cpté analytique | Création manuelle de la nature comptable |

Consolidation

| Plan compt. groupe | CONS |

Statut

☐ Bloqué

OB13 sap01-205 OVR

Figure 3.2 : OB13 : Plan comptable

29

3.2 Version d'exercice

La *version d'exercice* détermine le calendrier financier et de reporting d'une entreprise. GCI, comme la plupart des entreprises, utilise un mois calendaire comme calendrier de reporting, et la version d'exercice K4. Il est possible d'ajouter quatre périodes pour le reporting financier trimestriel/annuel. La configuration de la version d'exercice se fait par la transaction OB29 (voir Figure 3.3).

Le chemin de menus est le suivant : Outils • Customizing • IMG • SPRO - Traitement de projet • Comptabilite financiere (nouveau) • Options de base Comptabilite financiere (nouvelle) • Livres • Exercice comptable et periodes comptables • Gerer une version d'exercice.

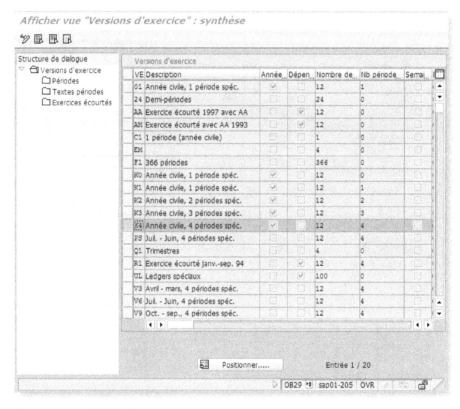

Figure 3.3 : OB29 : Version d'exercice

30

3.3   Périmètre de résultat

Le *périmètre de résultat* représente une entreprise du point de vue de l'analyse du compte de résultat. C'est l'élément de structure organisationnelle le plus important de SAP Contrôle de gestion.

Il est possible d'affecter plusieurs périmètres analytiques à un périmètre de résultat. Toutefois, GCI avait fait le choix d'utiliser un périmètre analytique affecté à un seul périmètre de résultat. Le périmètre de résultat se gère avec la transaction de configuration KEA0 (voir Figure 3.4).

Chemin de menus dans SAP : OUTILS • CUSTOMIZING • IMG • SPRO TRAITEMENT DE PROJET • CONTROLE DE GESTION • ANALYSE DU COMPTE DE RESULTAT • STRUCTURES • DEFINIR LE PERIMETRE DE RESULTAT • GERER LE PERIMETRE DE RESULTAT.

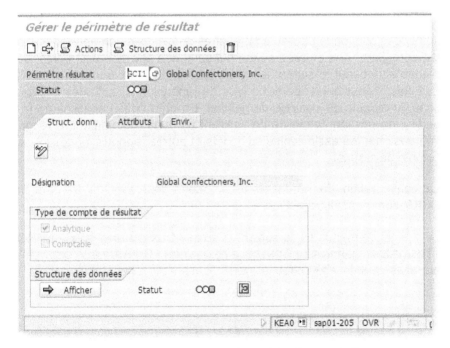

Figure 3.4 : KEA0 : Périmètre de résultat/périmètre analytique

31

3.4 Périmètre analytique

Le *périmètre analytique* enregistre les charges et produits dans l'entreprise, et ce essentiellement à des fins de reporting interne. Il fournit également une représentation intersociété de l'entreprise.

Le périmètre analytique permet de répartir des coûts entre différents centres d'un seul périmètre analytique.

Afin d'être attribuées au même périmètre analytique, toutes les sociétés concernées doivent disposer du même plan comptable et de la même version d'exercice. Si les devises des sociétés peuvent différer, le périmètre analytique utilisera une devise unique dans laquelle toutes les opérations seront enregistrées.

Il serait envisageable de créer plusieurs périmètres analytiques ; en revanche, il serait impossible de mettre en place une imputation systématique des coûts dans plusieurs périmètres analytiques. On pourrait tout à fait enregistrer des entrées au journal sous des sociétés différentes, ce qui les attribuerait ensuite à leur périmètre analytique respectif. Il serait toutefois impossible d'opérer ce type de répartition à l'aide des imputations du module de contrôle de gestion. En outre, des capacités de reporting de gestion consolidé en seraient perdues (notamment le reporting des charges assimilables aux coûts et autres rapports fondés sur le compte de résultat).

La configuration du périmètre analytique a lieu avec la transaction OKKP, comme l'illustre la Figure 3.5.

Le chemin de menus est le suivant : OUTILS • CUSTOMIZING • IMG • SPRO - TRAITEMENT DE PROJET • CONTROLE DE GESTION • CONTROLE DE GESTION - DONNEES GENERALES • ORGANISATION • GERER PERIMETRE ANALYTIQUE.

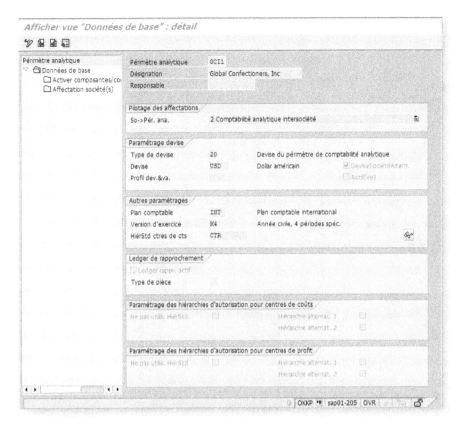

Figure 3.5 : OKKP : Périmètre analytique

3.5 Société

La *société* est la plus petite unité structurelle pour laquelle un jeu complet de comptes indépendants peut être dressé à des fins de reporting externe.

Représentant une entité légale pour le reporting externe, une société enregistre toutes les opérations pertinentes et génère toutes les pièces justificatives pour les états financiers obligatoires, comme le bilan et le compte de résultat. La société est configurée à l'aide de la transaction de configuration OX02 et gérée grâce à la transaction de configuration OBY6, comme l'illustre la Figure 3.6.

Chemin de menus dans SAP pour la configuration de société : OUTILS • CUSTOMIZING • IMG • SPRO - TRAITEMENT DE PROJET • STRUCTURE DE L'ENTREPRISE • DEFINITION • COMPTABILITE FINANCIERE • TRAITER, COPIER, SUPPRIMER, CONTROLER SOCIETE.

Chemin de menus dans SAP pour les paramètres généraux de société : OUTILS • CUSTOMIZING • IMG • SPRO - TRAITEMENT DE PROJET • COMPTABI-LITE FINANCIERE (NOUVEAU) • OPTIONS DE BASE COMPTABILITE FINANCIERE (NOUVELLE) • PARAMETRES GLOBAUX DE LA SOCIETE • SAISIR DES PARA-METRES GLOBAUX.

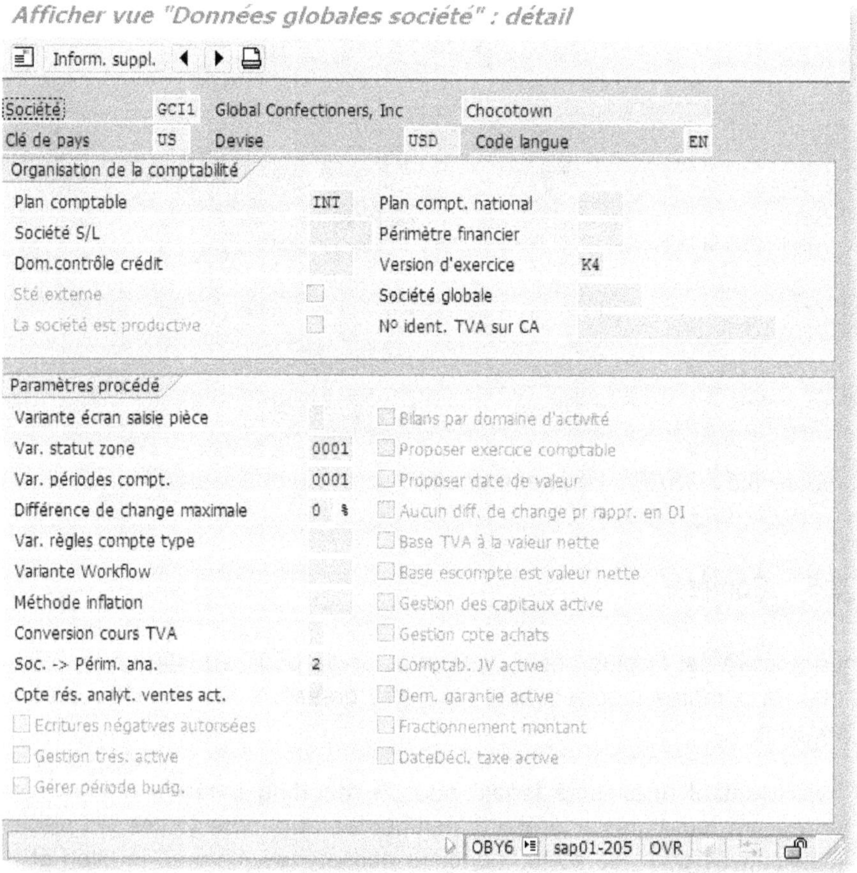

Figure 3.6 : OBY6 : Société

Il est possible d'enregistrer des opérations intersociétés dans le module Comptabilité financière (FI), tant que les affiliés sont configurés en tant que clients et fournisseurs, définis comme des partenaires commerciaux. On peut procéder à des éliminations intersociétés à l'aide des informations d'un partenaire commercial.

3.5.1 Devises

GCI a attribué les sociétés GCI1 (devise : USD, dollar américain) et GCI2 (devise : CAD, dollar canadien) au périmètre analytique GCI1 (devise : EUR, euro). GCI a également configuré des *devises internes supplémentaires par société* dans la transaction de configuration OB22 (voir Figure 3.7).

Le chemin de menus est le suivant : OUTILS • CUSTOMIZING • IMG • SPRO - TRAITEMENT DE PROJET • COMPTABILITE FINANCIERE • OPTIONS DE BASE DE LA COMPTABILITE FINANCIERE • SOCIETE • DEVISES PARALLELES • DEFINIR DES DEVISES INTERNES SUPPLEMENTAIRES.

Dans les faits, cela signifie que la société GCI1 enregistre les opérations dans les deux devises (USD et EUR). La société GCI2 enregistre les opérations dans deux devises, CAD et EUR.

Devises de périmètre analytique et société

 Si GCI faisait l'acquisition d'une autre entreprise au Mexique, au Brésil ou en Suisse par exemple, chacune de ces sociétés aurait sa propre devise pour son reporting obligatoire légal (par exemple : MXN, peso mexicain ; BRL, real brésilien ; CHF, franc suisse), mais les rapports internes seraient établis en EUR puisque toutes ces sociétés seraient attribuées au périmètre analytique GCI1.

De la même manière, si GCI faisait l'acquisition d'une autre entreprise au Mexique, au Brésil ou en Suisse par exemple, chacune de ces sociétés aurait sa propre devise pour son reporting obligatoire légal, mais les rapports internes seraient établis en EUR puisque toutes ces sociétés

35

seraient attribuées au périmètre analytique GCI1. Si GCI avait un siège en Europe ou en Asie, la devise du périmètre analytique GCI1 serait probablement CHF (franc suisse), GBP (livre britannique), JPY (yen japonais) ou CNY (yuan chinois).

La société n'enregistre pas seulement la devise de la société (CAD/USD) et la devise du périmètre analytique (EUR).

Le module Comptabilité financière consigne également la devise d'opération (SGD pour dollar de Singapour, par exemple) dans les pièces comptables. C'est donc la devise de la pièce. Cette opération en SGD est convertie en devise de la société (appelée également « devise interne ») à l'aide du taux de conversion en vigueur. De plus, la devise du périmètre analytique est enregistrée sous la forme d'une seconde devise interne (appelée également « devise du groupe »). De plus, le module Comptabilité financière consigne trois devises : la devise de l'opération/de la pièce, la devise de la société/interne et la devise du périmètre analytique/groupe.

Devises dans les modules Comptabilité financière (FI) et Contrôle de gestion (CO)

Le module Comptabilité financière consigne les opérations dans la devise de l'opération/de la pièce, la devise de la société/interne et la devise du périmètre analytique/groupe.

Le module Contrôle de gestion enregistre les opérations dans la devise de l'opération/de la pièce, la devise de l'objet (identique à la devise de la société), et la devise du périmètre analytique.

Alex remarqua que les noms de ces composants étaient un peu différents entre FI et CO, mais que les deux modules recueillaient globalement les mêmes valeurs.

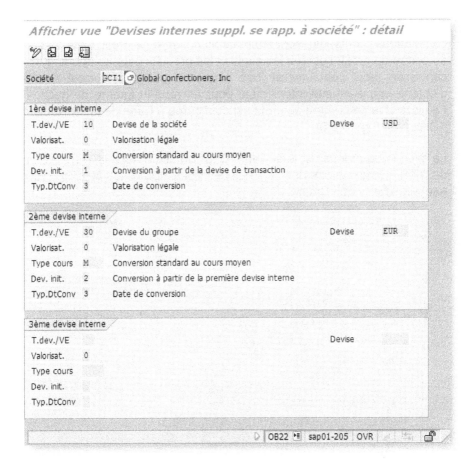

Figure 3.7 : OB22 : Devises internes supplémentaires par société

3.6 Centre de profit

Un *centre de profit* est une unité opérationnelle dans l'entreprise qui peut agir indépendamment sur le marché. Il est possible de surveiller les produits et dépenses à l'échelle du centre de profit et, ainsi, de créer un compte de résultat total (voire un bilan partiel des actifs circulants) à l'échelle du centre de profit. Ces informations peuvent ensuite être synthétisées à l'aide de la hiérarchie de centres de profit pour schématiser la structure de gestion. Des structures hiérarchiques alternatives peuvent également être définies pour un état standard synthétique, par exemple, par secteur ou agent économique/localité, pour publier et gérer le résultat d'exploitation.

Les objets tels que les centres de coûts, les projets, les articles, les commandes clients, etc. sont attribués à un centre de profit. Cela permet au centre de profit d'obtenir les coûts et les produits pour le reporting. Un centre de profit peut être attribué à une ou plusieurs société(s) afin d'obtenir une synthèse intersociété pour un rapport interne de gestion. La hiérarchie de centres de profit est configurée à l'aide de la transaction KCH1 (voir Figure 3.8).

Le chemin de menus est le suivant : GESTION COMPTABLE • CONTROLE DE GESTION • COMPTABILITE DES CENTRES DE PROFIT • DONNEES DE BASE • HIE-RARCHIE STANDARD • CREER.

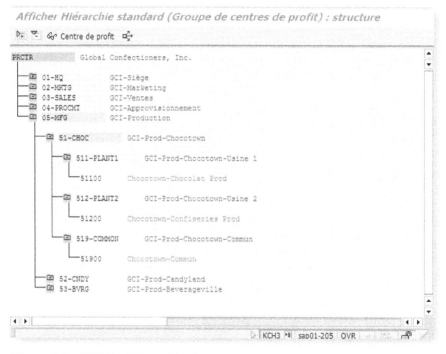

Figure 3.8 : KCH1 : Hiérarchie de centres de profit

3.7 Versions de contrôle de gestion

Les *versions* dans le module SAP Contrôle de gestion permettent de gérer un jeu indépendant de données planifiées et réelles.

Les versions sont utilisées dans la planification pour prévoir des scénarios alternatifs fondés sur différentes hypothèses. Différentes versions peuvent représenter le scénario optimal, le plus défavorable ou le plus probable. Il est également possible, par exemple, de schématiser différents marchés, différentes campagnes promotionnelles ou encore différentes stratégies commerciales.

En général, le scénario le plus probable est configuré dans la version de planification 000. Ces informations permettent de calculer les coûts de revient budgétés pour des types d'activité. Les données réelles sont saisies dans la version 000 pour comparer les données budgétées et réelles, ou budgétées et théoriques.

La Figure 3.9 illustre la configuration des versions de contrôle de gestion à l'aide de la transaction OKEQ.

Le chemin de menus est le suivant : OUTILS • CUSTOMIZING • IMG • SPRO - TRAITEMENT DE PROJET • CONTROLE DE GESTION • CONTROLE DE GESTION - DONNEES GENERALES • ORGANISATION • GERER LES VERSIONS

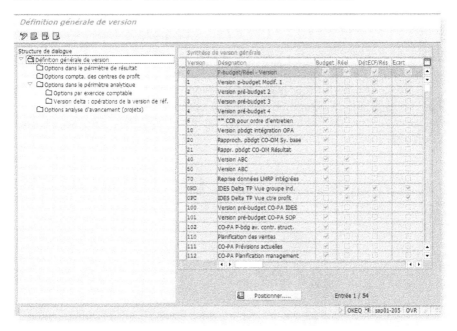

Figure 3.9 : OKEQ : Versions de contrôle de gestion

3.8 Résumé

Alex dressa une liste des transactions nécessaires à la configuration de la structure organisationnelle de GCI pour le contrôle de gestion (voir Tableau 3.1).

Code de transaction	Désignation
OB13	Plan comptable
OB29	Version d'exercice
KEA0	Périmètre de résultat
OKKP	Périmètre analytique
OBY6	Société
OB22	Devises internes supplémentaires
KCH3	Hiérarchie de centres de profit / Groupe
OKEQ	Versions de contrôle de gestion

Tableau 3.1 : Opérations de configuration de la structure organisation-nelle de contrôle de gestion

Alex se rendit compte que les données de base et les données d'opération dans l'application SAP dépendaient fortement de la concep-tion de la structure organisationnelle dans le logiciel SAP. Après avoir à nouveau étudié la structure de GCI, il comprenait la configuration tech-nique générale de l'entreprise. Cela allait l'aider à naviguer assez rapi-dement dans les flux de données.

4 Les données de base de contrôle de gestion : si simples et si complexes à la fois (mieux vaut les garder en ordre...)

« Si l'on vous demande si vous pouvez accomplir une tâche, répondez : 'Bien entendu !' Puis débrouillez-vous pour y arriver. »
Theodore Roosevelt

Les données de base sont cruciales pour assurer l'efficacité d'un système. Si cela paraît simple, répondre aux besoins opposés de différentes fonctions (voire parfois de différents processus de gestion dans une même fonction) peut s'avérer difficile. Gérer les données de base avec cohérence et précision est crucial afin de tirer parti d'un système sur le plan commercial. Ce chapitre présente des éléments de données de base pour le contrôle de gestion.

« Comme tu le sais », dit Bertrand à Alex un matin, « nous sommes en train de monter une nouvelle ligne de production dans notre usine. Nous devons créer des centres de coûts et configurer le système de sorte que cette ligne soit opérationnelle. Peux-tu chercher dans le manuel toutes les étapes nécessaires à cela ? Si tu as besoin d'aide, adresse-toi à Élise. Elle s'y connaît bien et pourra sans aucun doute répondre à tes questions. »

« D'accord Bertrand, je m'y mets », répondit Alex. Il se saisit du manuel. Ayant fini d'étudier le chapitre détaillant la structure organisationnelle de GCI1 dans SAP Contrôle de gestion, il aborda celui traitant des données de base dans le module.

Grâce à son expérience passée chez FLW, son ancien employeur, Alex savait que les données de base jouent un rôle crucial dans tout système, qu'il s'agisse d'une application ERP comme SAP ou d'un système maison, plus ou moins bien intégré.

Imaginons une pyramide dans laquelle se trouvent, tout en haut, la structure d'entreprise, au milieu, les données de base et le traitement des données d'opération en bas. Les données de base tirent beaucoup d'informations de la structure d'entreprise et les transmettent à l'échelon du traitement des opérations. Par ailleurs, il est vital de définir la structure organisationnelle et les attributs de données de base pendant la phase de conception, puis de les développer en continu.

Une fois la structure d'entreprise construite, il n'est pas nécessaire de la modifier fréquemment. En revanche, les données de base doivent être régulièrement gérées.

De plus, c'est à l'entreprise qu'incombe la gestion des données de base, en général directement dans l'environnement de production. Une mise à jour précise des données de base permet de garantir que les données seront enregistrées de manière cohérente au niveau du traitement des opérations.

4.1 Les centres de coûts : À quoi affectons-nous tout notre argent ?

Un *centre de coûts* est un des éléments les plus utilisés dans le contrôle de gestion pour gérer les données de base. Les centres de coûts permettent de ventiler les coûts parmi les services. Ils représentent souvent l'échelon le plus bas d'une entreprise où l'on rassemble et analyse les coûts et les performances d'un service. Les centres de coûts sont donc utiles pour former des budgets par service et comparer les charges réelles aux charges budgétées. Ils peuvent également servir à l'imputation des coûts entre services via des relations émetteur-récepteur. Ces dernières peuvent être créées dans les imputations de centres. Parmi les méthodes les plus courantes se trouvent la répartition détaillée et la répartition globale.

Les centres de coûts sont structurés en groupes organisationnels et/ou hiérarchiques fonctionnels. Chacun d'entre eux est attribué à une hiérarchie de centres de coûts et à un centre de profit.

42

Centre de coûts : définition et exemples

Un centre de coûts représente une unité structurelle dans un périmètre analytique qui définit un emplacement donné pour l'engagement des coûts. Il peut être créé en fonction de besoins fonctionnels (un service ou une section), de critères d'imputation (des coûts de maintenance imputés à un groupe de centres de coûts de production), d'un emplacement physique (siège, usine n° 1, usine n° 2, centre de distribution n° 1 ou centre de distribution n° 2), ou du service responsable du coût (gestion financière, comptable, juridique ou marketing).

En règle générale, les centres de coûts sont configurés pour une fonction, une machine, un centre de responsabilité ou un emplacement qui sont par nature permanents, ou au moins présents sur le long terme. Si l'on souhaite par exemple mettre sur pied la nouvelle ligne de production dont Bertrand parlait, le centre de coûts est le bon objet de contrôle de gestion. En revanche, si l'on cherche à effectuer le suivi des coûts pour un projet à court terme (pour l'accroissement de la productivité ou une campagne marketing ciblée provisoire), un *ordre interne* convient mieux.

4.1.1 Hiérarchie de centres de coûts

La *hiérarchie de centres de coûts* est une arborescence de groupes de centres de coûts au sein d'un même périmètre analytique.

Les centres de coûts peuvent être regroupés pour donner des informations sommaires de coûts. Une hiérarchie de centres de coûts comporte des nœuds et nœuds inférieurs auxquels sont rattachés des centres de coûts.

Elle se compose de tous les centres de coûts pour une période donnée, représentant ainsi l'entreprise dans son ensemble. On l'appelle alors *hiérarchie standard*.

En règle générale, il convient de définir les hiérarchies avant de créer les centres de coûts. La gestion a lieu via la transaction OKENN (voir Figure 4.1).

Le chemin de menus est le suivant : GESTION COMPTABLE • CONTROLE DE GESTION • COMPTABILITE ANALYTIQUE DES CENTRES • DONNEES DE BASE • HIERARCHIE STANDARD • MODIFIER (OKEON) / AFFICHER (OKENN).

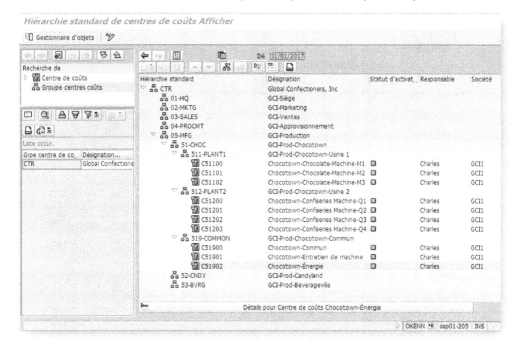

Figure 4.1 : OKENN : Hiérarchie standard de centres de coûts

4.1.2   Gestion des centres de coûts

Les *centres de coûts* représentent des unités structurelles dans un péri-mètre analytique qui définissent un emplacement donné pour l'engage-ment des coûts. Ils peuvent être conçus en fonction de besoins fonction-nels, de critères d'imputation, d'un emplacement physique ou de la res-ponsabilité des coûts.

Le centre de coûts définit le plus petit domaine de compétence dans une entreprise qui peut être à l'origine de coûts et les influencer, c'est-à-dire la plus petite échelle à laquelle il peut être sensé d'affecter des *coûts directs* et des *frais généraux*.

Les centres de coûts sont attribués à une société (entité légale) unique, un centre de profit (unité de performance) unique, un domaine d'appli-

44

cation (type de fonction) unique et une catégorie de centre unique (c'est-à-dire le type de coûts qui peut y être planifié ou engagé).

Ils servent à planifier, enregistrer, contrôler et communiquer les charges d'une division ainsi que les services consommés ou fournis par une division à l'aide de la comptabilité analytique des centres.

Les centres de coûts sont gérés par les transactions KS01 (Créer), KS02 (Modifier, voir Figure 4.2), KS03 (Afficher) et KS04 (Supprimer).

Le chemin de menus est le suivant : GESTION COMPTABLE • CONTROLE DE GESTION • COMPTABILITE ANALYTIQUE DES CENTRES • DONNEES DE BASE • CENTRE DE COUTS • TRAITEMENT INDIVIDUEL • - CREER (KS01) / MODIFIER (KS02) / AFFICHER (KS03) / SUPPRIMER (KS04).

Figure 4.2 : KS02 : Modifier centre de coûts

La gestion en masse des centres de coûts est possible via la transaction KS12 (voir Figure 4.3).

Le chemin de menus est le suivant : Gestion comptable • Controle de gestion • Comptabilite analytique des centres • Donnees de base • Centre de couts • Traitement collectif • Modifier (KS12) / Afficher (KS13) / Supprimer (KS14).

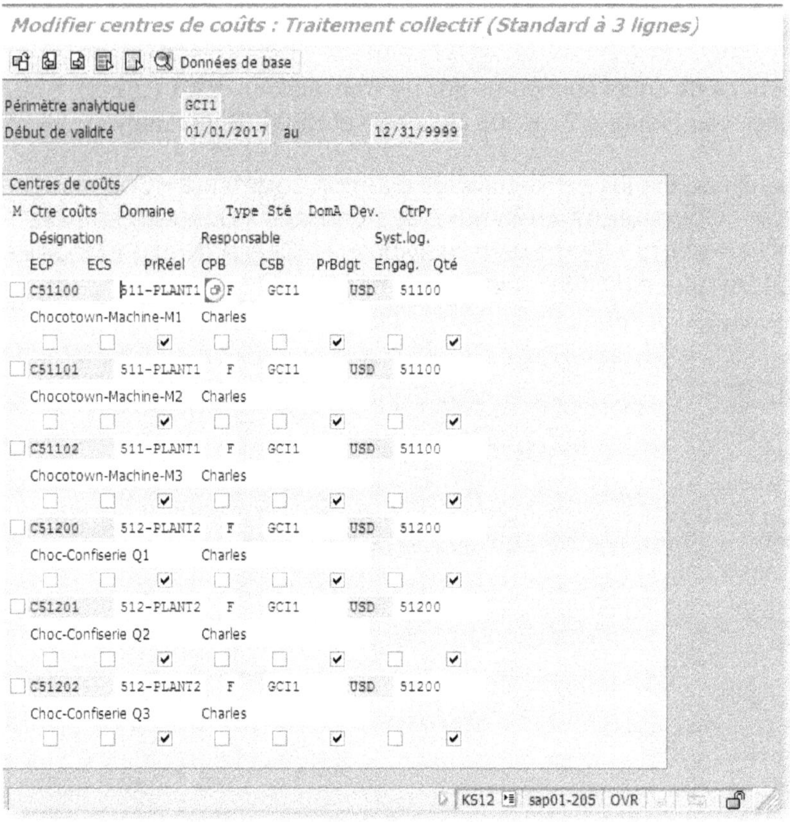

Figure 4.3 : KS12 : Gestion en masse des centres de coûts

4.1.3   Groupes de centres de coûts

Les *groupes de centres de coûts* rassemblent des centres de coûts en fonction de différents critères, ce qui leur permet de mieux schématiser la structure de l'entreprise dans le système.

Les groupes de centres de coûts s'appellent également *hiérarchies alternatives*.

Les groupes de centres de coûts permettent de bâtir des hiérarchies de centres de coûts qui synthétisent les ensembles de prise de décision, de responsabilité et de gestion selon les besoins spécifiques de l'entreprise. Les centres de coûts individuels représentent le plus bas niveau hiérarchique.

Les groupes de centres de coûts sont gérés à l'aide de la transaction KSH2.

Le chemin de menus est le suivant : GESTION COMPTABLE • CONTROLE DE GESTION • COMPTABILITE ANALYTIQUE DES CENTRES • DONNEES DE BASE • GROUPE DE CENTRES • CREER (KSH1) / MODIFIER (KSH2) / AFFICHER (KSH3).

4.2 Nature comptable : les types de dépenses

La *nature comptable* peut être définie comme un vecteur de coûts dans CO. Semblable aux comptes GL, elle fournit à la direction une vue d'ensemble de la manière dont les fonds sont alloués et de ce à quoi ils sont consacrés. La direction peut ainsi identifier des domaines dans lesquels l'entreprise devrait peut-être contrôler les dépenses.

La nature comptable est gérée par la transaction KA01 (Créer), KA02 (Modifier), KA03 (Afficher, voir Figure 4.4), KA04 (Supprimer) et KA06 (Créer secondaire).

Le chemin de menus est le suivant : GESTION COMPTABLE • CONTROLE DE GESTION • COMPTABILITE ANALYTIQUE DES CENTRES • DONNEES DE BASE • NATURE COMPTABLE • TRAITEMENT INDIVIDUEL • CREER CTS PRIMAIRES (KA01) / CREER COUTS SECOND. (KA06) / MODIFIER (KA02) / AFFICHER (KA03) / SUPPRIMER (KA04).

4.2.1 Nature comptable primaire

La *nature comptable primaire* crée un lien entre FI et CO. En règle générale, pour tout compte GL de type compte de résultat dans Comptabilité financière, une nature comptable correspondante est créée dans Contrôle de gestion. Cette nature est appelée « nature comptable primaire ». Il arrive qu'une nature comptable ne soit pas créée pour tous les comptes GL. C'est le cas par exemple des charges d'intérêts lorsque la direction ne souhaite pas opérer leur suivi par centre de coûts.

Les catégories de natures comptables suivantes sont utilisées pour créer des natures comptables primaires :

▶ 01 — Nature comptable primaire : peut être chargée avec toutes les écritures de tête par exemple, dans FI ou MM.

▶ 11 — Nature comptable de produit : sert à enregistrer des produits.

▶ 12 — Réduction sur ventes : sert à enregistrer des réductions ou corrections sur ventes, ou également des écritures de déduction de produits (escomptes et ristournes, par exemple).

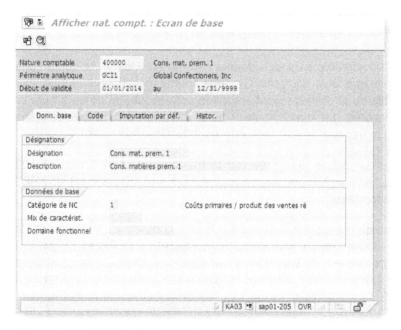

Figure 4.4 : KA03 : Affichage de nature comptable

4.2.2 Nature comptable secondaire

La *nature comptable secondaire* (voir Figure 4.5) peut être créée pour enregistrer des opérations de contrôle de gestion particulières comme l'imputation, les coûts additionnels de frais généraux, la répartition globale et l'imputation d'activité. Elle décrit des flux de coûts qui ont lieu dans le module SAP Contrôle de gestion. Contrairement à la nature comptable primaire, elle n'est pas liée au compte GL dans FI.

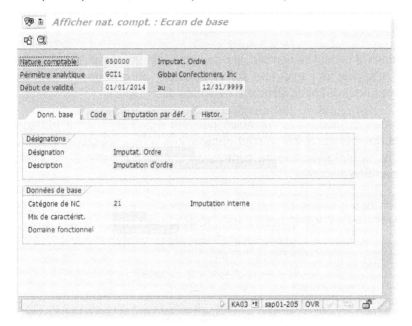

Figure 4.5 : KA03 : Affichage de la nature comptable secondaire

Les catégories de natures comptables suivantes peuvent être utilisées pour créer des natures comptables secondaires :

▶ 21 — Règlement interne : sert à régler (imputer) des coûts d'ordre ou de projet à des objets internes à CO. Ces derniers sont par exemples des ordres, des objets de résultat, des centres de coûts ou des projets.

▶ 31 — Analyse de résultats d'ordre/de projet : comptes exigés par le système pour inscrire l'ECF.

▶ 41 — Coûts additionnels de frais généraux : servent à charger les coûts additionnels à l'aide d'un schéma de calcul.

▶ 42 — Répartition globale : pour imputer des coûts à l'aide de la méthode de la répartition globale.

▶ 43 — Imputation d'activités/de processus : utilisée pendant l'imputation interne des activités.

49

4.2.3 Groupes de natures comptables

Les *groupes de natures comptables* rassemblent des natures comptables présentant des caractéristiques similaires.

Les groupes de natures comptables peuvent être utilisés pour le reporting. On s'appuie par exemple sur la structure du groupe de natures comptables pour définir la structure de lignes des rapports.

Les groupes de natures comptables peuvent également servir lorsque plusieurs natures comptables sont nécessaires à une opération, notamment dans la budgétisation de centres de coûts, la répartition détaillée ou la répartition globale.

La gestion des groupes de natures comptables a lieu avec les transactions KAH1 (Créer), KAH2 (Modifier) et KAH3 (Afficher, voir Figure 4.6).

Figure 4.6 : KAH3 : Affichage de groupe de natures comptables

Le chemin de menus est le suivant : GESTION COMPTABLE • CONTROLE DE GESTION • COMPTABILITE ANALYTIQUE DES CENTRES • DONNEES DE BASE • GROUPE DE NATURES COMPTABLES • CREER (KAH1) / MODIFIER (KAH2) / AFFICHER (KAH3).

4.3 Types d'activité : Sont-ce ces inducteurs de coûts dont nous ne cessons de parler ?

Les *types d'activité* classent les activités produites dans les centres de coûts d'un périmètre analytique. Le type d'activité représente les activités menées dans un centre de coûts : les heures de travail, par exemple, ou encore les heures d'entretien d'un centre de coûts d'entretien.

Les types d'activité décrivent le transfert d'activité particulier fourni par un centre de coûts à d'autres postes supportant les coûts tels que les ordres de travail, les ordres internes, etc. Ils se mesurent en unités de temps et de quantité et s'estiment à l'aide d'un taux par heure ou par unité d'activité.

> ▶ Coût budgété total / heures d'activité budgétées = taux d'activité budgété par heure

> ▶ Coût total réel / heures réelles d'activité = taux réel d'activité par heure

Les types d'activité sont gérés à l'aide des transactions KL01 (Créer), KL02 (Modifier), KL03 (Afficher, voir Figure 4.7) et KL04 (Supprimer).

Le chemin de menus est le suivant : GESTION COMPTABLE • CONTROLE DE GESTION • COMPTABILITE ANALYTIQUE DES CENTRES • DONNEES DE BASE • TYPE D'ACTIVITE • TRAITEMENT INDIVIDUEL • CREER (KL01) / MODIFIER (KL02) / AFFICHER (KL03) / SUPPRIMER (KL04).

Figure 4.7 : KL03 : Affichage du type d'activité

4.4   SKF : ce ne sont que des statistiques

Un *ratio statistique (SKF)* sert à suivre les quantités et valeurs de différentes activités opérationnelles. Les SKF sont conçus pour être intégrés
à des rapports et analyses et peuvent également servir d'aide à
l'imputation de coûts.

Un SKF peut être défini soit comme une constante, soit comme une
valeur totale. Les ratios définis comme des constantes sont valables à
partir de la période comptable et dans toutes les périodes comptables
suivantes de l'exercice comptable. À l'inverse, les ratios définis comme
des valeurs totales ne sont valables que pour la période comptable dans
laquelle ils sont inscrits.

Les SKF sont gérés par les transactions KK01 (Créer), KK02 (Modifier),
KK03 (Afficher, voir Figure 4.8) et KK03DEL (Supprimer).

Le chemin de menus est le suivant : GESTION COMPTABLE • CONTROLE DE GESTION • COMPTABILITE ANALYTIQUE DES CENTRES • DONNEES DE BASE • RATIOS STATISTIQUES • TRAITEMENT INDIVIDUEL • CREER (KK01) / MODIFIER (KK02) / AFFICHER (KK03) / SUPPRIMER (KK03DEL).

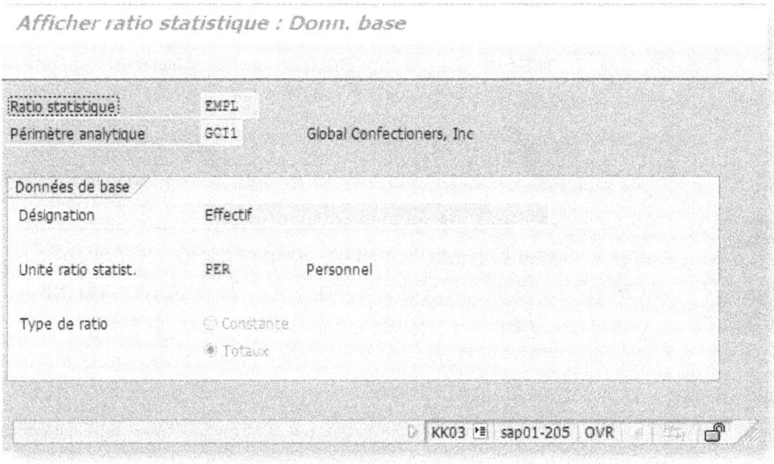

Figure 4.8 : KK03 : Affichage de ratio statistique

4.5 Imputations : Qui envoie, qui reçoit ; un enchevêtrement interne ?

Une usine de production typique engage des coûts dans différentes divisions. Par exemple, celle de l'entretien peut fournir un service à la production pour que ses machines fonctionnent. De la même façon, la division en charge des systèmes informatiques contribue à ce que les systèmes tournent. En général, l'objectif est de transférer des coûts de ces divisions de service à des divisions de production, de sorte qu'ils soient compris dans le coût du produit. Ce transfert interne a lieu dans le module de contrôle de gestion grâce à des *imputations*.

Il existe deux principaux types d'imputation dans Contrôle de gestion : la répartition détaillée et la répartition globale.

La *répartition détaillée* permet de conserver les natures comptables primaires d'origine et de les transmettre aux récepteurs. Les informations de l'émetteur et du récepteur sont consignées dans le poste individuel du document CO.

53

Avec la *répartition détaillée*, les informations suivantes sont transmises aux récepteurs : les natures comptables d'origine sont regroupées dans une nature comptable de répartition globale (nature comptable secondaire) ; les natures comptables d'origine ne sont pas affichées sur les récepteurs.

Les informations de l'émetteur et du récepteur sont affichées dans le document CO.

Répartition détaillée vs. répartition globale

 Voici l'exemple d'un service équipement (un centre de coûts émetteur) responsable d'un bâtiment. Le centre de coûts engage trois coûts primaires : la location du bâtiment, les dépenses téléphoniques et les dépenses en boissons (thé et café par exemple) pour le personnel travaillant dans le bâtiment. Ce bâtiment abrite quatre services : marketing, finances et comptabilité, achats et ressources humaines (quatre centres de coûts récepteurs). Les coûts devraient être imputés à des taux prédéfinis pour chaque service.

En utilisant la méthode de la *répartition détaillée*, une nature comptable primaire unique est utilisée pour imputer les coûts. Le centre de coûts émetteur obtient un déchargement à l'aide de trois natures comptables primaires d'origine. Les quatre centres de coûts récepteurs verront trois natures comptables primaires d'origine portées à leur débit. Cela signifie que chaque service peut identifier le montant qu'il a imputé pour chacune des trois catégories de charges pour le loyer, la téléphonie et les boissons.

En revanche, avec la méthode de *répartition globale*, une nature comptable secondaire de répartition globale, appelée par exemple « *charge d'équipement* », est utilisée pour imputer les coûts. Le centre de coûts émetteur obtient un déchargement via la nature comptable de répartition globale. Les quatre centres de coûts récepteurs verront une nature comptable secondaire portée à leur débit. Cela signifie que chaque service ne connaît le montant qui lui a été imputé que sous *charge d'équipement*. Les récepteurs ne connaissent pas la part de cette charge d'équipement allouée au loyer, à la téléphonie et aux boissons. Il faudrait alors étudier un rapport du centre de coûts émetteur pour pouvoir identifier la ventilation de ces coûts.

4.6 Les ordres internes, un simple outil de plus pour le suivi des coûts ?

Les *ordres internes* servent à rassembler, suivre et imputer des coûts directs et frais généraux échus sur un projet spécifique.

Ces collecteurs de coûts présentent une nature plus dynamique que les centres de coûts ou de profit.

Les ordres peuvent être utilisés soit comme un poste primaire supportant les coûts qui sera par la suite imputé à un centre de coûts, soit sous la forme d'un objet d'imputation statistique avec lequel l'écriture de coûts primaires est affectée au centre de coûts.

Il est possible de saisir des données budgétées pour les ordres et de les comparer aux dépenses réelles.

Les ordres internes peuvent être utilisés à de nombreuses fins dans CO, dont voici quelques exemples.

Exemples d'ordres internes

 Un ordre interne est créé pour un événement client afin d'opérer le suivi des montants budgétés et réels engagés pour l'événement. Une fois l'événement terminé, les coûts sont imputés (ou déplacés) au centre de coûts adéquat.

Les coûts de réparation et d'entretien des véhicules sont imputés à un centre de coûts, mais les coûts engendrés pour chaque véhicule font également l'objet d'un suivi « statistique » à l'aide d'un ordre interne créé pour chacun d'entre eux.

Chaque projet de recherche et développement (R&D) nécessite de suivre les dépenses réalisées. Les ordres internes de R&D aident à connaître les coûts d'un projet en particulier.

4.7 Résumé

Alex se pencha sur ce que Bertrand lui avait demandé : lister toutes les étapes nécessaires pour schématiser dans le système la nouvelle ligne de production. Puisque le plan comptable était partagé, Alex pensa qu'il n'était pas nécessaire de créer de nouvelles natures comptables. Par ailleurs, la conception du système appelant à l'utilisation d'un ensemble commun de types d'activité et de ratios statistiques (SKF), il ne fallait pas en créer de nouveaux.

Dans Contrôle de gestion, les modifications de données de base à effectuer pour la nouvelle ligne de production comprennent :

▶ KS01 : Création d'un nouveau centre de coûts sous le même nœud de hiérarchie que les lignes existantes (« 512-PLANT2 »).

▶ KSH2 : Ajout d'un nouveau centre de coûts dans un autre groupe de centres de coûts pour Chocotown.

▶ KSV8 : Création d'un nouveau segment pour le nouveau centre de coûts dans la répartition détaillée prévue.

▶ KSV2 : Création d'un nouveau segment pour le nouveau centre de coûts dans la répartition détaillée réelle.

Alex avait compris que la gestion continue des données de base était fondamentale pour garantir la précision des données d'opération et du reporting. Du fait de la nature sensible des données, GCI avait confié à quelques personnes seulement la possibilité de créer et de modifier les données. Beaucoup pouvaient en revanche afficher les données, puisque plusieurs entreprises pouvaient en avoir occasionnellement besoin.

Le manuel faisait référence à une multitude de transactions. Alex décida donc de se dresser un rapide tableau de référence (voir Figure 4.9).

Objets de données de base et leurs codes de transaction dans Contrôle de gestion

Objet de données de base dans Contrôle de gestion	Créer	Modifier	Afficher	Supprimer *	Modifier en masse	Afficher en masse
Centre de coûts	KS01	KS02	KS03	KS04	KS12	KS13
Groupe de centres de coûts	KSH1	KSH2	KSH3			
Nature comptable (primaire)	KA01	KA02	KA03	KA04		KA24
Nature comptable (secondaire)	KA06	KA02	KA03	KA04		
Groupe de natures comptables	KAH1	KAH2	KAH3			
Type d'activité	KL01	KL02	KL03	KL04	KL12	KL13
Groupe de types d'activité	KLH1	KLH2	KLH3			
Ratio statistique	KK01	KK02	KK03	KK03DEL	KAK2	KAK3
Groupe de ratios statistiques	KBH1	KBH2	KBH3			
Ordre interne	KO01	KO02	KO03		KOK2	KOK3
Groupe d'ordres internes	KOH1	KOH2	KOH3			

* L'objet ne peut être supprimé si les données de transaction existent pour l'exercice donné

Objet d'imputation**	Créer	Modifier	Afficher	Exécuter
Répartition détaillée budgétée	KSV7	KSV8	KSV9	KSVB
Répartition globale budgétée	KSU7	KSU8	KSU9	KSUB
Répartition détaillée réelle	KSV1	KSV2	KSV3	KSV5
Répartition globale réelle	KSU1	KSU2	KSU3	KSU5

** La répartition détaillée / répartition globale seront abordées en détail dans les chapitres suivants

Figure 4.9 : Objets de données de base et codes de transaction dans Contrôle de gestion

5 La budgétisation des centres de coûts : un marathon annuel ?

« Faisons de nos inquiétudes anticipées de la réflexion et de la planification anticipées. »
Winston Churchill

La plupart des entreprises suivent un processus de budgétisation (ou planification) les aidant à se préparer pour l'année à venir. Il est possible d'utiliser une méthode de planification ou d'en combiner plusieurs : prendre, par exemple, pour référence le budget de l'année précédente, les douze derniers mois réalisés, ou même planifier à partir de rien (ce qui s'appelle souvent « la budgétisation à base zéro »). Le processus de planification commence en général avec la planification industrielle et commerciale (S&OP), qui est ensuite décomposée en planification de la production, de l'approvisionnement, des coûts de la main-d'œuvre et des coûts additionnels. Ce chapitre offre une vue d'ensemble de la planification d'un centre de coûts qui, de manière générale, reprend la planification des coûts additionnels et des coûts de main-d'œuvre.

L'objectif premier d'une unité de production est de fournir en permanence un débit à qualité constante, tout en maintenant des niveaux de stocks optimaux. Ce faisant, elle doit déterminer avec précision et maîtriser le coût de production de l'article.

Les coûts du produit comprennent les coûts directs et les frais généraux. Les coûts directs représentent le coût des matières premières, de l'emballage et tous les coûts directs de conversion pour la production du produit fini. Cela inclut généralement les coûts du personnel qui a « touché » le produit (c'est-à-dire le personnel impliqué dans sa fabrication). Les coûts du personnel qui n'a pas directement « touché » le produit, mais qui a contribué indirectement à la fabrication de l'article, constituent les frais généraux. C'est le cas par exemple du personnel en charge de l'entretien, du nettoyage, de l'entrepôt, de la sécurité, des finances, des ressources humaines, des équipements, des systèmes, etc.

Une autre façon d'envisager le coût de conversion est de penser qu'un produit doit *supporter* (ou absorber) le coût des services qu'il traverse. Un taux d'absorption prédéterminé sert à charger le produit des coûts du service.

Ainsi, si un service prévoit un budget total de 10 000,00 $ par mois avec 200 heures d'opérations budgétées, le taux d'absorption prédéterminé est de 10 000,00 $ / 200 heures = 50,00 $/h.

Ce coût peut être à son tour décomposé en heures de travail, heures-machine et tout autre inducteur de coûts fondé sur les besoins de l'entreprise. Ces inducteurs sont souvent définis sous la forme de types d'activité dans le système SAP.

Chez GCI, les heures de travail et les heures-machine sont les deux principaux types d'activité. Ces inducteurs sont dotés d'un taux appelé *taux d'activité*, ou *taux d'activité budgétée*.

Alex se souvint que FLW avait recours à des inducteurs de coûts similaires dans son ancien système : les heures de fabrication, les heures de travail indirect et les heures-machine. Toutefois, ils s'appelaient *taux de charge*.

GCI menait son cycle de planification d'août à novembre. L'équipe des ventes élaborait les prévisions des ventes pour l'année à venir à l'échelle de l'UGS. L'équipe de planification de la production comparait la demande à la capacité et obtenait ainsi le volume de production planifié. L'équipe de planification pouvait ensuite préparer la planification de l'approvisionnement en matières premières. Alex se rappela de la méthodologie qu'utilisait FLW : la planification n'était pas détaillée et était souvent faite à l'échelle de la famille de produits. Toutefois, il comprenait l'objectif de l'exercice, la fabrication devant toujours être opérationnelle pour l'année suivante.

Les taux de conversion budgétés pour différentes combinaisons de devises doivent être gérés pour la période de budgétisation avant de saisir les données de planification dans le système pour l'année à venir. Cela permet de garantir que tous les coûts budgétés seront convertis à un taux de conversion cohérent.

Alex se dit qu'il devait utiliser un exemple pratique pour comprendre le système. Il se connecta à un système de test et commença à saisir des données budgétées pas à pas, en suivant les instructions du manuel.

5.1   Planification de la quantité d'activité

Étape 1 : Configurer un profil de responsable budgétaire (KP04)

La première étape de la budgétisation d'un centre de coûts consiste à définir le *profil de responsable budgétaire* à l'aide de la transaction KP04. Utilisez ce profil pour constituer la combinaison de composants adéquate à vos besoins de planification. GCI avait pris le parti d'utiliser SAPALL (voir Figure 5.1), le profil de responsable budgétaire fourni par défaut dans SAP qui reprend toutes les combinaisons de planification possibles.

Le chemin de menus est le suivant : GESTION COMPTABLE • CONTROLE DE GESTION • COMPTABILITE ANALYTIQUE DES CENTRES • PRE-BUDGETISATION • DEFINIR LE PROFIL DU RESPONSABLE BUDGETAIRE.

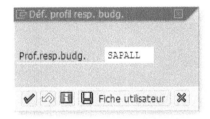

Figure 5.1 : KP04 : Configurer un profil de responsable budgétaire

Étape 2 : Planification quantité d'activité (KP26) ; centres de coûts

L'étape suivante dans la budgétisation d'un centre de coûts consiste à procéder à une *planification de la quantité d'activité* pour définir la base de l'absorption. En règle générale, la quantité d'activité est déterminée par le volume de production pour la période de budgétisation, qui peut à son tour être limité par la capacité de production et les temps d'arrêt potentiels pour cause d'entretien, le cas échéant.

Comme le montre la Figure 5.2, l'écran initial KP26 invite l'utilisateur à saisir la version, les périodes et l'année qu'il est en train de budgéter. Il convient de plus de spécifier le centre de coûts (ou groupe de centres de coûts) et le type d'activité (ou groupe de types d'activité). Enfin, il faut choisir si les entrées doivent être libres (permettant à l'utilisateur d'entrer les valeurs) ou sous forme de formulaire (le système pré-remplit les combinaisons possibles de données de base et l'utilisateur saisit les quantités). GCI utilisait la forme libre de saisie des données de planification.

Le chemin de menus est le suivant : GESTION COMPTABLE • CONTROLE DE GESTION • COMPTABILITE ANALYTIQUE DES CENTRES • PRE-BUDGETISATION • PRESTATION D'ACTIVITES/PRIX • MODIFIER.

Dans cet exemple, Alex souhaitait avoir un aperçu de la planification du groupe de centres de coûts 51-CHOC pour 2014.

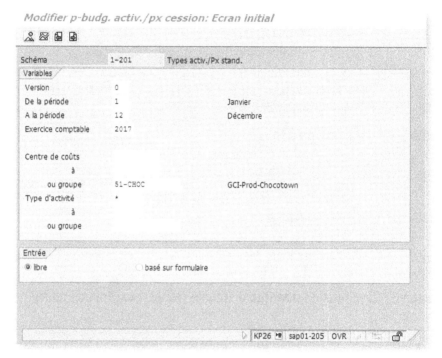

Figure 5.2 : KP26 : Écran initial de planification de la quantité d'activité

Un clic sur l'icône Écran de synthèse ⚮ de l'écran initial fit apparaître l'écran de synthèse (voir Figure 5.3). Deux activités étaient planifiées : 6 000 heures de main-d'œuvre (LABOR) sur l'année et 1 800 MCHRS (heures-machine) sur l'année.

Alex cliqua sur l'écran PERIODE (voir Figure 5.4) et vit que les 6 000 heures budgétées pour la main-d'œuvre étaient réparties équitablement sur les 12 mois. Alex aurait pu planifier différentes quantités d'activité pour chaque mois, comme une configuration de production le

supposerait généralement. Il décida toutefois, pour cet exemple, de répartir équitablement les quantités d'activité.

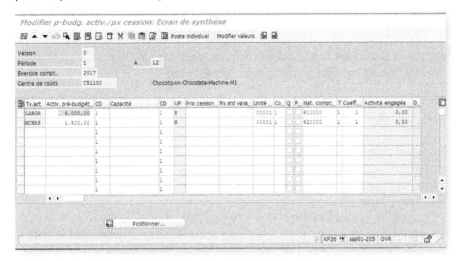

*Figure 5.3 : KP26 : Écran de synthèse de planification de la quantité
d'activité*

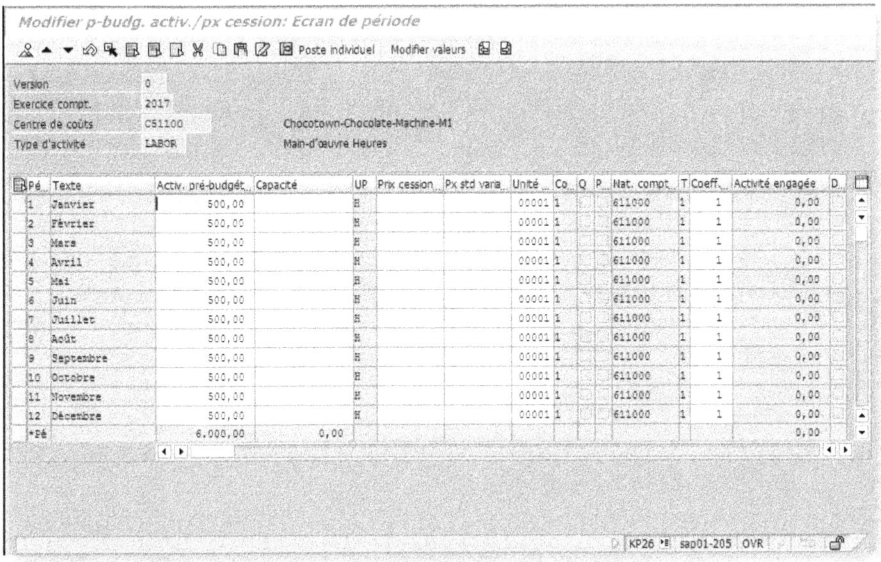

*Figure 5.4 : KP26 : Écran de période de budgétisation de la quantité
d'activité*

5.2 Coûts directs (dépendants de l'activité)

Étape 3 : Budgétisation des coûts dépendants de l'activité (KP06)

À présent que les quantités étaient planifiées, il était temps d'en faire de même avec l'argent (autrement dit, les montants).

L'écran KP06 (voir Figure 5.5) ressemblait grandement à l'écran KP26, à l'exception de la zone supplémentaire dédiée à la nature comptable.

Le chemin de menus est le suivant : GESTION COMPTABLE • CONTROLE DE GESTION • COMPTABILITE ANALYTIQUE DES CENTRES • PRE-BUDGETISATION • COUTS/PRISES EN CHARGE ACTIVITE • MODIFIER.

De plus, la *budgétisation des coûts dépendants de l'activité* et la *budgétisation des coûts indépendants de l'activité* se retrouvent sur le même écran. Si la zone TYPE D'ACTIVITE est vide, la budgétisation des coûts est *indépendante* de l'activité. En revanche, si l'on y trouve un astérisque ou une activité, la budgétisation des coûts est *dépendante* de l'activité. La budgétisation des coûts fixes est généralement, par nature, indépendante de l'activité, puisque ces coûts seraient occasionnés que des tâches soient accomplies ou non.

Budgétisation des coûts dépendants/indépendants de l'activité

 La budgétisation des coûts indépendants de l'activité s'opère en laissant vide la zone TYPE D'ACTIVITE sur l'écran initial KP06. À l'inverse, un astérisque ou un TYPE D'ACTIVITE dans la même zone permettent de mener une budgétisation des coûts dépendants de l'activité.

64

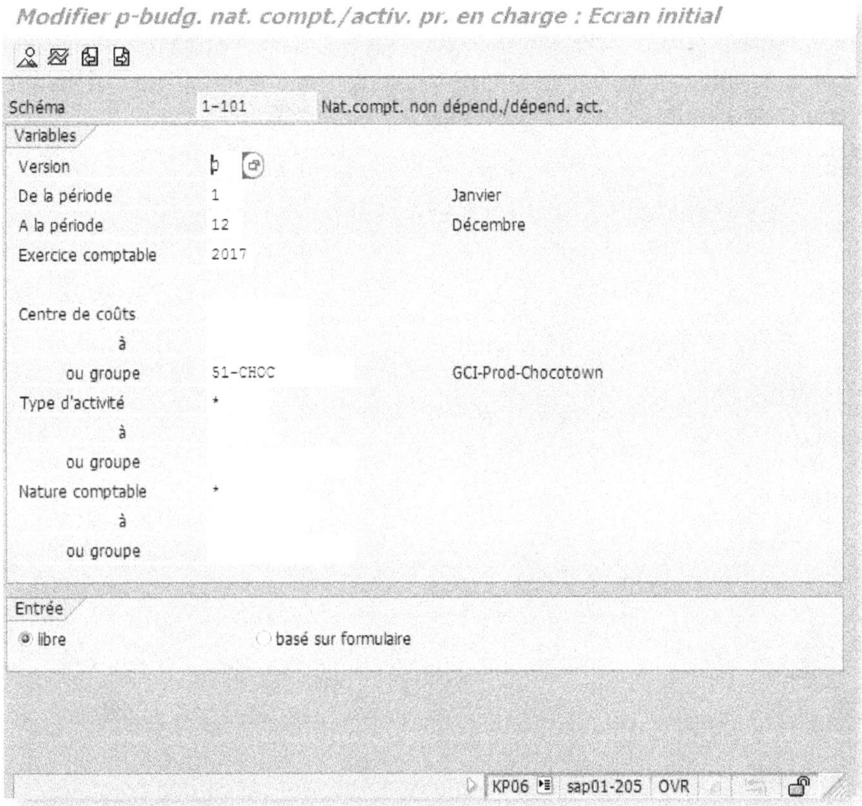

Modifier p-budg. nat. compt./activ. pr. en charge : Ecran initial

⊗ ✉ 💾 💾

Schéma	1-101	Nat.compt. non dépend./dépend. act.

Variables

Version	þ ⊙	
De la période	1	Janvier
A la période	12	Décembre
Exercice comptable	2017	

Centre de coûts		
à		
ou groupe	51-CHOC	GCI-Prod-Chocotown
Type d'activité	*	
à		
ou groupe		
Nature comptable	*	
à		
ou groupe		

Entrée

◉ libre   ○ basé sur formulaire

▷ | KP06 ▤ | sap01-205 | OVR

Figure 5.5 : KP06 : Écran initial de budgétisation des coûts dépendants de l'activité

Comme l'illustre la Figure 5.6, Alex poursuivit et budgéta l'activité LA-BOR avec les natures comptables 420000 (coûts de main-d'œuvre directs) et 449000 (autres coûts de personnel). Il vérifia que les montants budgétés pour cette combinaison étaient bien saisis dans la colonne Cts PBDGT. VAR. En effet, il s'agissait de coûts variables directement proportionnels à la quantité d'activité.

65

Ensuite, Alex passa à la budgétisation de l'activité MCHRS avec les natures comptables 452000 (entretien de machines) et 481000 (amortissement analytique), toutes deux fixes par nature, ainsi que la nature comptable variable 416200 (utilisation d'électricité).

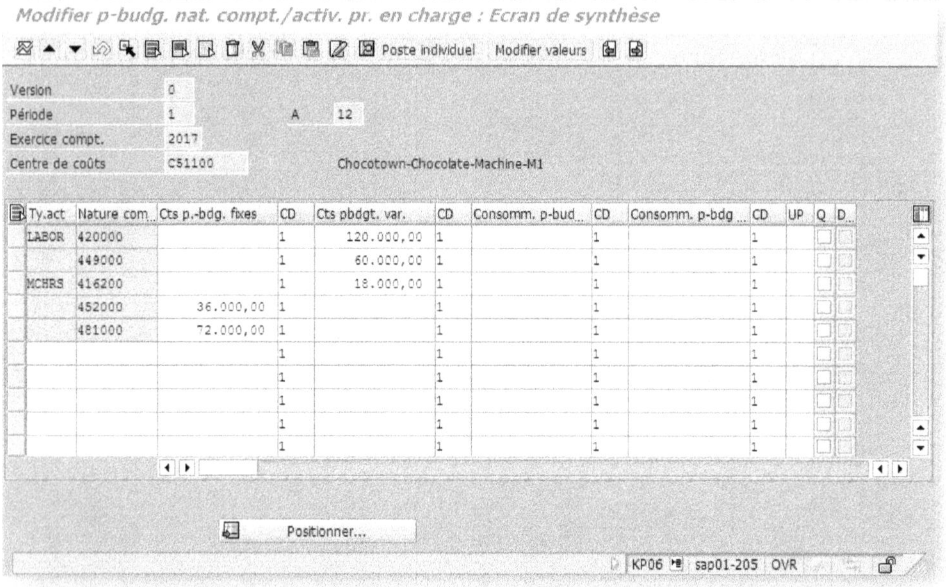

Modifier p-budg. nat. compt./activ. pr. en charge : Ecran de synthèse

	Ty.act	Nature com...	Cts p.-bdg. fixes	CD	Cts pbdgt. var.	CD	Consomm. p-bud...	CD	Consomm. p-bdg ...	CD	UP	Q	D...
	LABOR	420000		1	120.000,00	1		1		1			
		449000		1	60.000,00	1		1		1			
	MCHRS	416200		1	18.000,00	1		1		1			
		452000	36.000,00	1		1		1		1			
		481000	72.000,00	1		1		1		1			
				1		1		1		1			
				1		1		1		1			
				1		1		1		1			
				1		1		1		1			
				1		1		1		1			

Version : 0
Période : 1 A 12
Exercice compt. : 2017
Centre de coûts : CS1100   Chocotown-Chocolate-Machine-M1

Figure 5.6 : KP06 : Écran de synthèse de budgétisation des coûts dépendants de l'activité

Après avoir saisi les données budgétées pour les coûts dépendants de l'activité, Alex souhaitait voir un aperçu du rapport. Il utilisa le code de transaction S_ALR_87013611 (voir Figure 5.7) permettant d'obtenir les données réelles/planifiées et l'écart pour les centres de coûts. N'ayant pas entré de données réelles dans le système de test, Alex ne pouvait voir que les données planifiées.

Le chemin de menus est le suivant : GESTION COMPTABLE • CONTROLE DE GESTION • COMPTABILITE ANALYTIQUE DES CENTRES • SYSTEME D'INFORMATION • COMPARAISONS PRE-BUDGET/REEL • CENTRES : REEL/PBUDGET/ÉCART .

Alex remarqua que des données étaient portées au débit, mais non au crédit. Les informations présentes sur le côté crédit sont remplies une fois le calcul du prix budgété effectué (transaction KSPI).

Figure 5.7 : S_ALR_87013611 : Rapport d'écart réel/budgété de centre de coûts (après avoir effectué la budgétisation dépendante de l'activité)

5.3   Frais généraux (indépendants de l'activité)

Étape 4 : Budgétisation des coûts indépendants de l'activité (KP06)

Alex se mit à utiliser la transaction KP06 (voir Figure 5.8) pour entrer les informations de coûts fixes, indépendants de l'activité en cours dans le service. Cela signifiait qu'il ne devait rien inscrire dans la zone TYPE D'ACTIVITE.

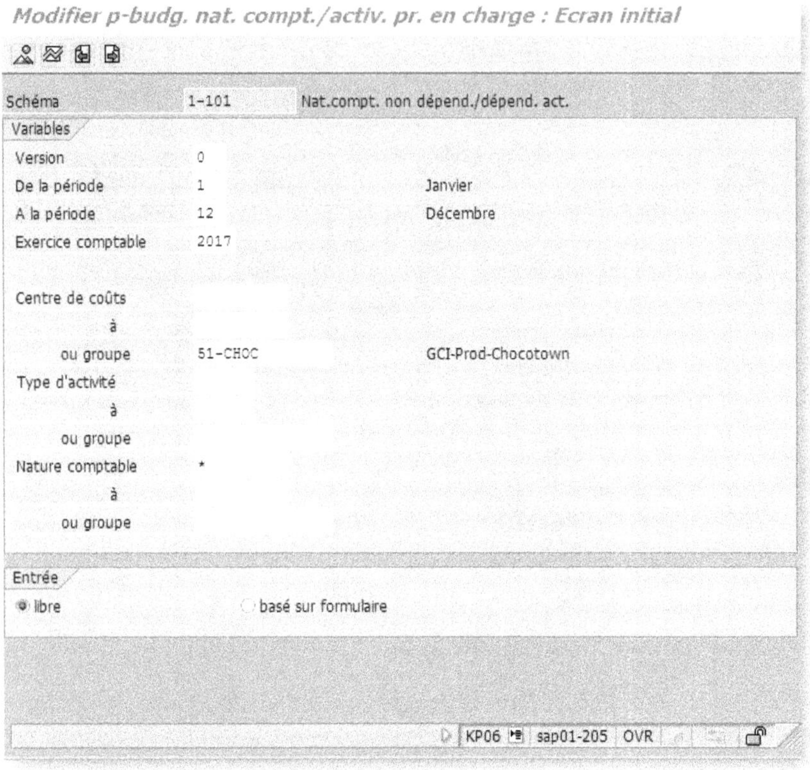

Figure 5.8 : KP06 : Écran initial de budgétisation des coûts indépendants de l'activité

Il saisit les coûts fixes des natures comptables suivantes (voir Figure 5.9) :

▶ 405200   Consommation des fournitures de bureau ;

▶ 430000   Salaires ;

▶ 435000   Primes annuelles ;

▶ 470101   Repas ;

▶ 473000   Frais postaux.

Une fois les coûts fixes entrés, il publia à nouveau le rapport S_ALR_87013611 pour étudier les changements (voir Figure 5.10). Il voyait à présent tous les coûts budgétés sur le centre de coûts, coûts fixes inclus. Il remarqua qu'il ne pouvait pas déceler les données dépendantes de l'activité de celles qui en sont indépendantes. Il lui faudrait utiliser la transaction KP06 pour modifier (ou KP07 pour afficher) ces informations.

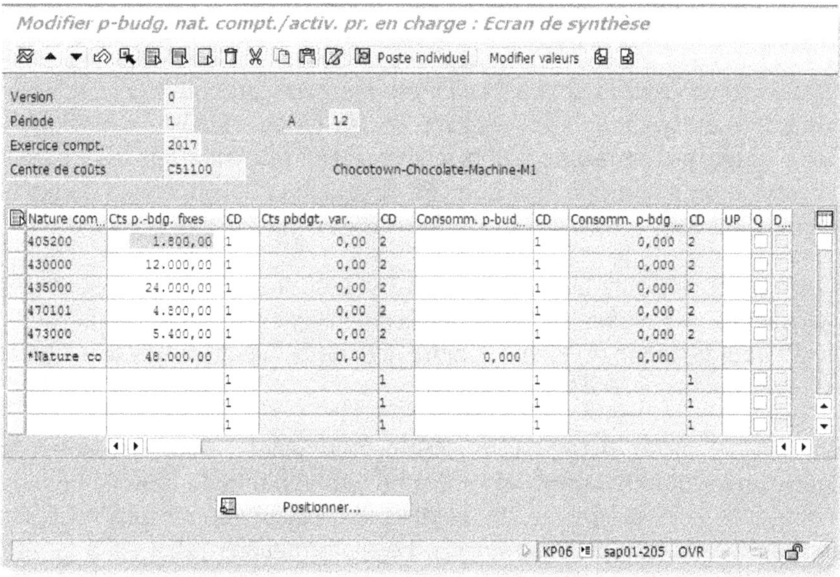

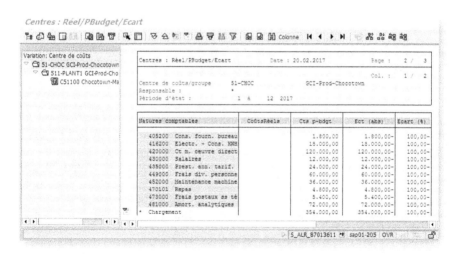

Figure 5.9 : KP06 : Écran de synthèse de budgétisation des coûts indépendants de l'activité

Figure 5.10 : S_ALR_87013611 : Rapport d'un centre de coûts (après avoir effectué la budgétisation indépendante de l'activité)

5.4 Fractionnement budgété d'un centre de coûts

Étape 5 : Fractionner des coûts dépendants de l'activité (KSS4)

L'étape suivante consistait à *fractionner les coûts budgétés* pour affecter des coûts indépendants de l'activité à des types d'activité spécifiques. Cette étape est nécessaire, l'objectif final étant de charger des coûts à ce service pour le produit, ce que l'on obtient via des inducteurs de coûts (types d'activité).

Alex se souvint qu'il avait budgété 48 000,00 $ de coûts indépendants de l'activité. Il souhaitait à présent découvrir comment le système répartissait (ou fractionnait) ceux-ci entre les deux types d'activité LABOR (Main d'œuvre) et MCHRS.

Pour mener à bien la transaction KSS4, il convient d'entrer un centre de coûts, un groupe de centres de coûts ou une variante de sélection (c'est-à-dire une liste prédéfinie de centres de coûts), ou encore tous les centres de coûts (voir Figure 5.11). Les informations relatives à la version, à l'année et à la période sont également nécessaires. Enfin, le système offre des options de TRAITEMENT EN ARRIERE-PLAN (pour des raisons de performance, en particulier pour de grands ensembles de données), de TEST permettant de passer les données en revue avant de les enregistrer pour de bon) et de LISTES DETAILLEES.

Le chemin de menus est le suivant : GESTION COMPTABLE • CONTROLE DE GESTION • COMPTABILITE ANALYTIQUE DES CENTRES • PRE-BUDGETISATION • IMPUTATIONS • FRACTIONNEMENT.

Alex cliqua sur ⊕ (EXECUTER) en haut à gauche de l'écran initial de KSS4, ce qui afficha l'écran de liste détaillée (voir Figure 5.12), où il remarqua que le montant indépendant de l'activité budgété de 48 000,00 $ était fractionné équitablement entre les types d'activité LABOR (Main d'œuvre) et MCHRS. Puisqu'il n'avait configuré aucune règle de fractionnement, le système avait réparti les coûts équitablement. Il est toutefois possible d'opérer un fractionnement du coût avec des proportions différentes entre les deux types d'activité.

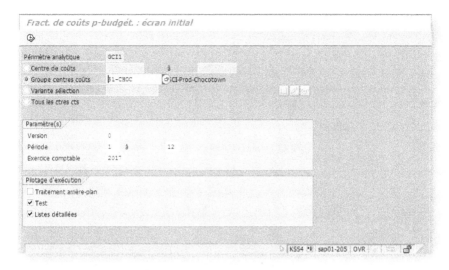

Figure 5.11 : KSS4 : Écran initial de fractionnement de coûts budgétés

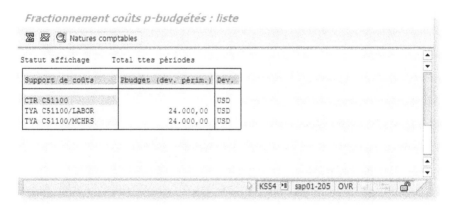

Figure 5.12 : KSS4 : Écran de résultat du fractionnement de coûts budgétés

5.5 Détermination des prix de cession budgétés

Étape 6 : Détermination des prix de cession (KSPI)

La dernière étape de la budgétisation d'un centre de coûts est la *détermination des prix de cession budgétés,* obtenue à l'aide de la transaction KSPI. Comme lors d'autres transactions de budgétisation, Alex observa que l'écran de sélection présentait différentes zones telles que GROUPE

71

CENTRES COUTS, VERSION, PERIODE et EXERCICE COMPTABLE en plus des options de TRAITEMENT EN ARRIERE-PLAN, de TEST et de LISTES DETAILLEES.

Le chemin de menus est le suivant : GESTION COMPTABLE • CONTROLE DE GESTION • COMPTABILITE ANALYTIQUE DES CENTRES • PRE-BUDGETISATION • IMPUTATIONS • CALCUL DU PRIX.

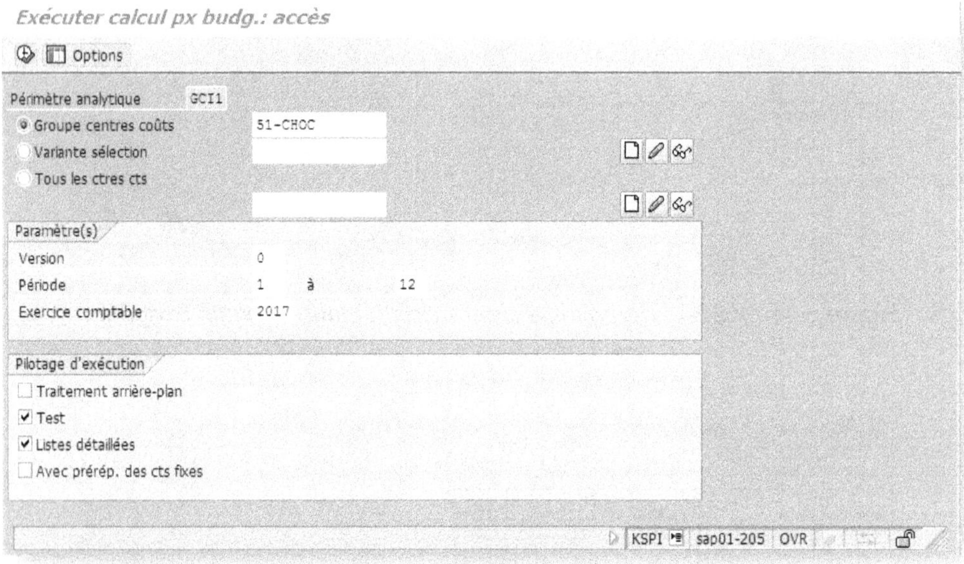

Figure 5.13 : KSPI : Écran initial de détermination des prix budgétés

Alex cliqua sur ⊕ (EXECUTER) en haut à gauche de l'écran initial de KSPI (voir Figure 5.13), ce qui afficha l'écran détaillé (voir Figure 5.14), où il s'intéressa aux barèmes calculés pour les combinaisons de centre de coûts et de type d'activité C51100/LABOR et C51100/MCHRS.

Il se plongea dans les calculs et obtint ainsi confirmation qu'il avait bien compris les données de KSPI.

Le type d'activité LABOR (main d'œuvre) présentait un coût total dépendant de l'activité de 180 000,00 $ (entré avec KP06) pour 6 000 heures budgétées (entrées avec KP26), ce qui donnait un taux d'activité de 30,00 $/h. Par ailleurs, le coût indépendant de l'activité s'élevait à 24 000,00 $ (avec le fractionnement de coût KSS4), augmentant par là même le taux de 4,00 $/h. Le coût total de LABOR (main d'œuvre) était de 34,00 $/h, dont 4,00 $/h de composante fixe.

Le type d'activité MCHRS affichait un coût total dépendant de l'activité de 128 000,00 $ (entré avec KP06) pour 1 800 heures budgétées (entrées avec KP26), ce qui résultait en un taux d'activité de 70,00 $/h. Par ailleurs, le coût indépendant de l'activité s'élevait à 24 000,00 $ (avec le fractionnement de coût KSS4), augmentant par là même le taux de 13,33 $/h. Le coût total MCHRS était de 83,33 $/h, dont 73,33 $/h de composante fixe. Alex remarqua que le système indiquait un prix fixe de 7 333,33 $ dans MCHRS et une « unité de prix » de 100. Cela permettait d'éviter les erreurs d'arrondi.

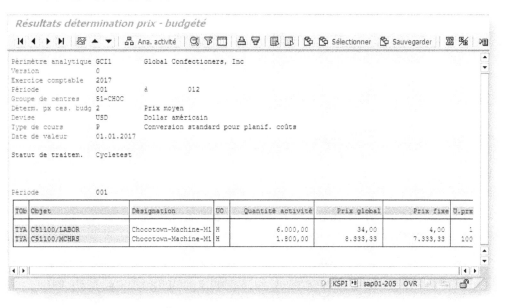

Figure 5.14 : KSPI : Écran de résultat de la détermination des prix budgétés

Ensuite, Alex souhaitait voir l'impact final sur le rapport de la détermination de prix budgété. Il passa à S_ALR_87013611 et remarqua que le côté crédit des coûts budgétés était à présent rempli des montants respectifs imputables aux deux types d'activité (voir Figure 5.15). Le montant net, soit la différence entre débit et crédit, était de zéro, indiquant ainsi que l'absorption de la budgétisation de centre de coûts était totale.

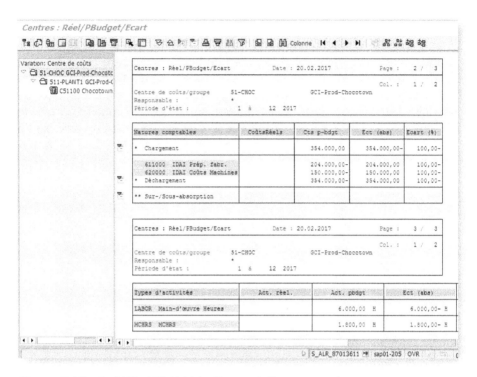

Figure 5.15 : S_ALR_87013611 : Rapport d'un centre de coûts (après avoir effectué la détermination des prix de cession)

Pour finir, Alex s'intéressa à son exemple dans le tableur (voir Figure 5.16) ; le fonctionnement du système l'impressionna. Bien évidemment, pour plus de simplicité, son exemple ne comportait qu'un centre de coûts et quelques natures comptables, mais il souhaitait avant tout tester le concept et s'assurer de comprendre l'influence mutuelle des différentes étapes. Il en était certain, le processus de budgétisation deviendrait bien plus complexe avec plusieurs centres de coûts pour toute la division, ainsi que de nombreuses natures comptables pour chaque centre de coûts. C'est justement pour cette raison que le fonctionnement du système est très fiable.

Exemple de budgétisation du centre de coûts C51100

Nature comptable	Description	Activité	Quantité (Heures)	Montant ($) Variable	Fixe	Total	Taux ($ / h) Variable	Fixe	Total
420000	Coûts directs de main-d'œuvre	LABOR		120 000 00		120 000 00			
449000	Autres frais de personnel	LABOR		60 000 00		60 000 00			
		KP26	6 000	180 000 00	0 00	180 000 00	30 00	0 00	30 00
						KP06			
452000	Entretien de machine	MCHRS			36 000 00	36 000 00			
481000	Amortissement des coûts de comptabilité	MCHRS			72 000 00	72 000 00			
416200	Consommation d'électricité	MCHRS		18 000 00		18 000 00			
		KP26	1 800	18 000 00	108 000 00	126 000 00	10 00	60 00	70 00
						KP06			
405200	Utilisation de fournitures de bureau				1 800 00	1 800 00			
430000	Salaires				12 000 00	12 000 00			
435000	Primes annuelles				24 000 00	24 000 00			
470101	Repas				4 800 00	4 800 00			
473000	Frais postaux				5 400 00	5 400 00			
		*			0 00	48 000 00	48 000 00		
						KP06			
	Fractionnement des coûts	LABOR			24 000 00	24 000 00	0 00	4 00	4 00
		MCHRS			24 000 00	24 000 00	0 00	13 33	13 33
						KSS4			
	Calcul du prix	LABOR		180 000 00	24 000 00	204 000 00	30 00	4 00	34 00
		MCHRS		18 000 00	132 000 00	150 000 00	10 00	73 33	83 33
				198 000 00	156 000 00	354 000 00			KSPI

* Pour simplifier cet exemple, ces coûts ont été budgétés sur le centre de coûts de ligne de production. Ils peuvent également être budgétés sur les centres de coûts d'assistance, puis circuler par répartition globale budgétée (KSUB) et/ou répartition détaillée budgétée (KSVB).

Figure 5.16 : Impression d'écran d'exemple de budgétisation d'un centre de coûts sur tableur

5.6 Imputations budgétées

Pendant ses premiers jours, Alex en apprit davantage sur l'usine de fabrication GCI Chocotown, composée de deux divisions. Les coûts spécifiques à une division faisaient l'objet d'un enregistrement dans leurs centres de coûts respectifs. Toutefois, certains coûts devaient être enregistrés dans le centre de coûts commun C51900.

Ces coûts étaient imputés à des centres de coûts pour chaque division à l'aide de la répartition détaillée et globale.

La *répartition détaillée* est une procédure dans laquelle la nature comptable primaire d'origine est transmise de l'émetteur au récepteur. Dans le cas de la *répartition globale*, l'imputation des coûts se fait à l'aide d'une nature comptable secondaire. En d'autres termes, l'identité de la nature comptable est perdue lorsque l'on utilise la répartition globale.

75

Dans ses processus budgété et réel, GCI utilise à la fois les répartitions détaillée et globale, ce qui implique l'emploi de deux codes de transaction.

KSVB : Répartition détaillée

Chemin de menus : Gestion comptable • Controle de gestion • Comptabilite analytique des centres • Pre-budgetisation • Imputations • Repartition detaillee

KSUB : Répartition globale

Chemin de menus : Gestion comptable • Controle de gestion • Comptabilite analytique des centres • Pre-budgetisation • Imputations • Repartition globale

Alex découvrit également plusieurs outils de budgétisation de centre de coûts. En guise d'aide-mémoire, il dressa un tableau les répertoriant (voir Figure 5.17).

Étapes de la budgétisation des centres de coûts chez GCI

Description de la transaction	Créer / Modifier	Objectif	Afficher
Définir profil de responsable budgétaire	KP04	Fournit une combinaison de champs adaptés à vos besoins de budgétisation	
Budgétisation de quantité d'activité	KP26	Budgétisation de la quantité d'activité pour la période de budgétisation	KP27
Budgétisation des coûts dépendants de l'activité	KP06	Budgétisation de coûts (directs) dépendants de l'activité	KP07
Budgétisation des coûts indépendants de l'activité	KP06	Budgétisation de coûts (indirects/frais généraux) indépendants de l'activité	KP07
Fractionnement budgété de centre de coûts	KSS4	Affecter des coûts indépendants de l'activité à des types d'activité spécifiques	
Détermination des prix de cession budgétés	KSPI	Calculer le taux d'absorption prédéterminé (taux de charge)	

Outils de budgétisation de centre de coûts

Description de la transaction	Code de transaction	Objectif
Entrée directe de prix de cession	KP26	Les taux de type d'activité sont introduits manuellement, au lieu d'être calculés via KSPI - Détermination des prix budgétés
Mettre en ligne des quantités d'activité en masse	KP26	Ajoute les quantités d'activité en utilisant un fichier texte (CSV) séparé par des virgules
Données de quantité de budgétisation à long terme	KSPP	Transfère des données de budgétisation à long terme (BLT) aux centres de coûts (l'entrée de quantité d'activité via KP26 peut être évitée ou réduite)
Mettre en ligne des coûts budgétés en masse	KP06	Ajoute des coûts à l'aide d'un fichier texte (CSV) séparé par des virgules
Copie du budget de l'année précédente	KP97	La budgétisation de l'année précédente forme la base de celle de l'année à venir
Copie du réel de l'année précédente	KP98	Le réel de l'année précédente forme la base pour la budgétisation de l'année à venir
Répartition détaillée budgétée des coûts	KSVB	Imputation des coûts (la nature comptable de l'émetteur est conservée)
Répartition globale budgétée des coûts	KSUB	Imputation des coûts (la nature comptable de l'émetteur n'est pas disponible)
Rapport sur le prix de cession	KSBT	Rapport des prix de cession pour le centre de coûts / groupe de centres de coûts

Figure 5.17 : Étapes et outils de budgétisation de centre de coûts

6 L'absorption : Les centres de coûts n'agissent-ils pas comme des éponges ?

« D'une certaine manière, j'aime être une éponge. Partout où je vais, je garde l'esprit ouvert et m'inspire de tout ce qui m'entoure. »
Bethany Mota

Maintenant que nous avons finalisé le budget pour l'année à venir, il est temps de s'intéresser à la manière dont les coûts réels sont enregistrés et absorbés à l'échelle du centre de coûts. Les centres de coûts rassemblent les coûts engagés pendant le mois, puis les transmettent, certains coûts au cours du mois et d'autres à la fin du mois. Le processus d'enregistrement et de transmission des coûts s'appelle l'*absorption*.

6.1 Inscription de coûts réels

Tous les coûts ne sont pas éliminés dans des centres de coûts. Certains sont enregistrés sous la forme d'autres postes supportant les coûts, comme ordres de fabrication, ordres de process, ordres internes, éléments d'organigramme technique de projet (OTP) et collecteurs de coûts produits. Ces coûts sont directement imputables à un poste supportant les coûts, sur lequel ils seront enregistrés. C'est le cas par exemple des matières premières consommées pendant la production, qui seront consommées au niveau de l'ordre de process. Une matière première consommée pour un test en particulier le sera à l'échelle de l'ordre interne. Les heures de main-d'œuvre allouées à la mise en place d'un nouvel ensemble de machines utilisées pour la production peuvent être imputées à un élément d'OTP. Ceci dit, un centre de coûts est généralement l'émetteur/récepteur le plus commun de coûts dans une configuration de fabrication.

Voici des exemples d'écriture dans les centres de coûts d'une usine de production :

▶ un centre de coûts de ligne de production reçoit généralement les coûts salariaux du personnel d'atelier qui ne travaille que sur cette ligne de production, ainsi que l'amortissement des machines qui composent sa ligne de production ;

▶ un centre de coûts d'entretien reçoit les coûts liés aux pièces de rechange consommées pour l'entretien régulier ;

▶ un centre de coûts d'énergie reçoit les coûts liés à l'électricité, à la vapeur et à d'autres charges consommées par la division ;

▶ un centre de coûts de division commun reçoit les coûts engendrés par le salaire du directeur de division ainsi que tous les autres coûts communs engagés par la division.

L'exemple ci-dessous illustre le flux de coûts dans le rapport de centre de coûts S_ALR_87013611.

La Figure 6.1 montre que différentes natures comptables avaient des écritures de coûts réels au centre de coûts C511000, dont la nature comptable 404000 (pièces de rechange), à hauteur de 200,00 $.

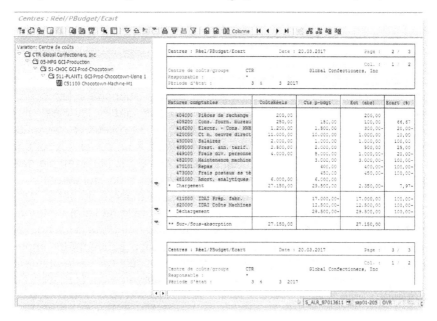

Figure 6.1 : S_ALR_87013611 : Inscription de coûts réels sur un centre de coût de ligne de production

Le chemin de menus est le suivant : GESTION COMPTABLE • CONTROLE DE GESTION • COMPTABILITE ANALYTIQUE DES CENTRES • SYSTEME D'INFORMATION • COMPARAISONS PRE-BUDGET/REEL • CENTRES : REEL/PBUDGET/ÉCART .

La Figure 6.2 montre que le centre de coûts C51901 disposait d'une écriture de 2 000,00 $ pour la nature comptable 404000 (pièces de rechange) et de 6 000,00 $ pour la nature comptable 452000 (maintenance de machine).

Figure 6.2 : S_ALR_87013611 : Inscription de coûts réels sur un centre de coûts d'entretien

6.2 Absorption d'activité

Un produit supporte les coûts des matières, de la main-d'œuvre et les coûts additionnels engendrés par sa production. Le coût matériel peut être plus ou moins tangible et identifiable dans les entrées. En revanche, les données de mesure de la main-d'œuvre et des coûts additionnels se fondent généralement sur le nombre d'heures passées à fabriquer le produit. Dans les faits, c'est le *coût de conversion* de fabrication du produit, ou le coût de conversion de la matière première en un article semi-fini, ou encore de l'article semi-fini en l'article fini.

Les barèmes budgétés sont calculés lors de la phase de planification. Ces prix sont tout simplement des taux d'absorption prédéterminés qui seront utilisés pour chaque unité de type d'activité. Dans les faits, si le barème de la main-d'œuvre directe est de 30,00 $/h et que celui de l'heure-machine s'élève à 120,00 $/h, un produit qui consomme deux heures de main-d'œuvre directe et trois heures-machine supportera

60,00 $ d'absorption de main-d'œuvre directe et 360,00 $ d'absorption d'heures-machine. Le coût de 420,00 $ est ensuite porté au débit de l'ordre de process et au crédit du centre de coûts. C'est ce déchargement qui permet l'absorption, tandis que le débit donne le coût réel.

Bien sûr, il est très probable que le débit de coût réel sur le centre de coûts ne soit pas égal à ce qui a été absorbé dans le centre de coûts. On nomme la différence *surabsorption/sous-absorption* (voir Figure 6.3). Autrement dit, l'absorption parfaite (c'est-à-dire l'absence de surabsorption ou de sous-absorption) obtenue uniquement par écriture d'activité est une situation très rare.

Plusieurs raisons peuvent expliquer la surabsorption/sous-absorption, parmi lesquelles l'*écart de dépenses* (dépenser plus que prévu), l'*écart de volume* (produire moins que prévu ou obtenir une quantité d'activité moindre), l'*écart de composition* (composition ou types de produits fabriqués différents de ce qui était prévu) ou l'*écart d'efficacité* (la main-d'œuvre était trop rapide et a consommé moins d'heures de main-d'œuvre, ou les machines étaient trop lentes et ont consommé plus d'heures-machine).

Figure 6.3 : S_ALR_87013611 : Absorption d'activité sur un centre de coûts de ligne de production

Cette surabsorption/sous-absorption doit être transmise au produit (avec la détermination des prix de cession réels KSII et la revalorisation des ordres CON2), ou à un autre centre de coûts (à l'aide d'une imputation de centre de coûts à centre de coûts KSU5/KSV5), ou à un objet de résultat (via une imputation de centre de coûts à CO-PA KEU5), ou encore en combinant quelques-unes des méthodes susmentionnées.

6.3   Imputations réelles

Outre les coûts inscrits directement à l'échelle du centre de coûts, tels que les salaires et l'amortissement, un centre de coûts de ligne de production reçoit des coûts de différents autres centres de coûts de la division. Voici des exemples d'imputation de centre de coûts :

▶ les coûts d'entretien d'un centre de coûts d'entretien (les inducteurs les plus utilisés étant les heures-machine entre différents centres de coûts de ligne de production) ;

▶ les coûts énergétiques d'un centre de coûts d'énergie : le volume de production de plusieurs centres de coûts de ligne de production peut servir de base d'imputation. Si des compteurs sont installés dans chaque service pour suivre la consommation réelle d'énergie, une imputation précise peut alors se fonder sur des ratios statistiques ou dans le cycle de répartition ;

▶ les coûts du personnel d'assistance (le salaire du directeur de division, les coûts de financement, le système informatique, l'entrepôt, la R&D et la qualité). Ici aussi, le volume de production entre différents centres de coûts de ligne de production peut servir de base d'imputation.

Les coûts peuvent être imputés par répartition détaillée (la transaction KSV5 avec la nature comptable d'origine servant à imputer les coûts) ou par répartition globale (la transaction KSU5 avec une nature comptable secondaire, appelée « nature comptable de répartition globale », servant à imputer les coûts). D'autres méthodes sont, par exemple, l'imputation par schéma type (transaction KPAS) et le transfert de coût réel (KB11N).

La Figure 6.4 montre la transaction KSV3 avec l'onglet E-TT SEGM. du cycle de la répartition détaillée MAINT. La totalité des valeurs réelles (VAL. REEL) sera imputée proportionnellement à l'activité réelle.

Le chemin de menus est le suivant : GESTION COMPTABLE • CONTROLE DE GESTION • COMPTABILITE ANALYTIQUE DES CENTRES • PRE-BUDGETISATION • IMPUTATIONS • REPARTITION DETAILLEE • AUTRES FONCTIONS • CYCLE • AFFI-CHER.

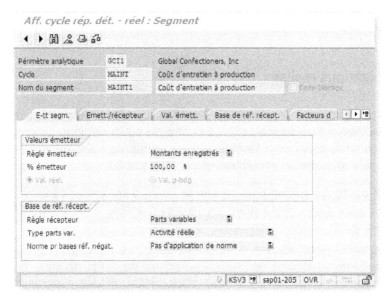

Figure 6.4 : KSV3 : En-tête de segment de répartition détaillée MAINT

La Figure 6.5 affiche l'onglet ÉMETT./RECEPTEUR dans lequel le CENTRE DE COUTS ÉMETT. C51901 envoie les coûts échus dans le GROUPE de NATURE COMPT. ALL au GROUPE de CENTRE DE COUTS RECEPTEUR 511-PLANT1.

Cela signifie que le centre de coûts C51901 (Chocotown-entretien) transférera tous les coûts au groupe de centres de coûts 511-PLANT1, composé des centres de coûts suivants :

► C51100   Chocotown-Machine à chocolat M1 ;

► C51101   Chocotown-Machine à chocolat M2 ;

► C51102   Chocotown-Machine à chocolat M3.

La Figure 6.6 affiche l'onglet BASE DE REF. RECEPT., sur lequel le TYPE D'ACTIVITE MCHRS (heures-machine) servira à imputer les coûts proportionnellement aux centres de coûts récepteurs.

82

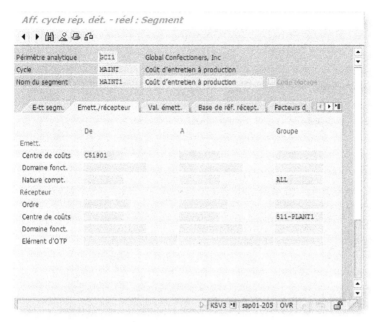

Figure 6.5 : KSV3 : Émetteur/récepteur de répartition détaillée MAINT

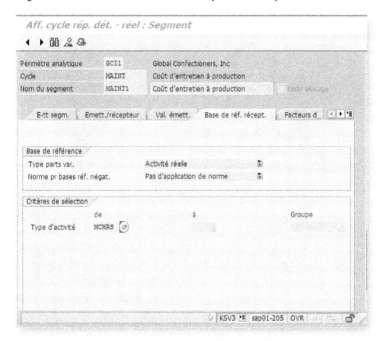

Figure 6.6 : KSV3 : Base de référence récepteur de répartition détaillée MAINT

La Figure 6.7 représente l'écran EXECUTER REPART. DETAILLEE AU REEL (transaction KSV5) avec trois cycles exécutés, dont le cycle MAINT.

Le chemin de menus est le suivant : GESTION COMPTABLE • CONTROLE DE GESTION • COMPTABILITE ANALYTIQUE DES CENTRES • PRE-BUDGETISATION • IMPUTATIONS • REPARTITION DETAILLEE.

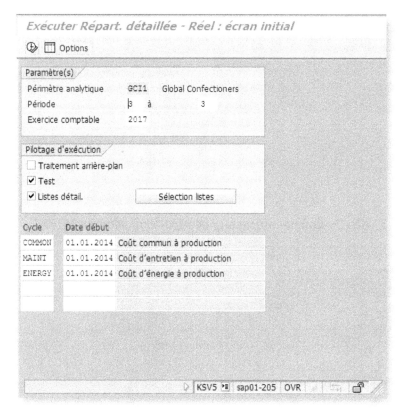

Figure 6.7 : KSV5 : Exécuter répartition détaillée

La Figure 6.8 présente le résultat de la répartition détaillée réelle dans le rapport S_ALR_87013611. Le centre de coûts C51901 a réparti son coût de 2 000,00 $ pour la nature comptable 404000 et les 6 000,00 $ de la nature comptable 452000 aux centres de coûts récepteurs C51100, C51101 et C51102.

La Figure 6.9 montre que le coût de C15901 est à présent totalement absorbé (il n'y a ni surabsorption ni sous-absorption).

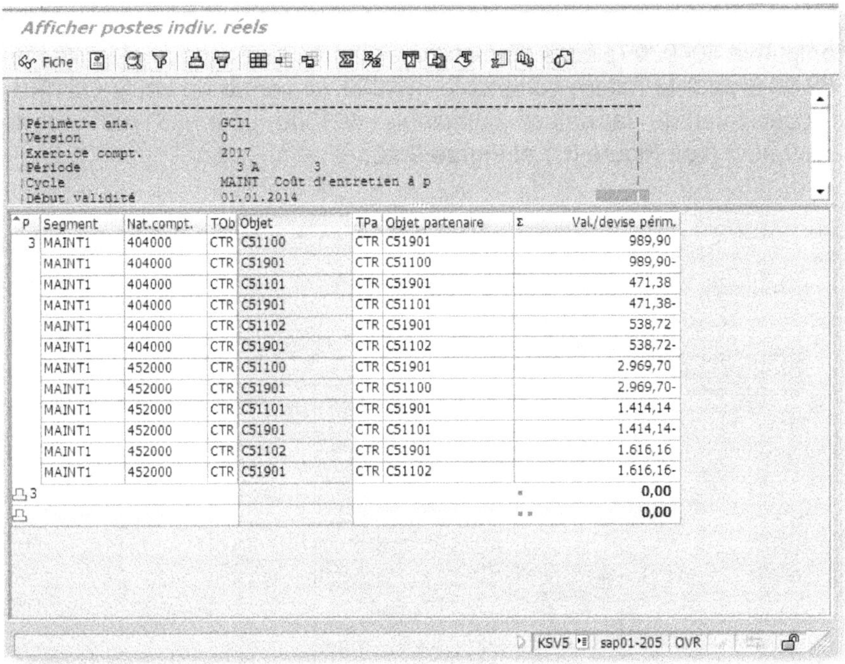

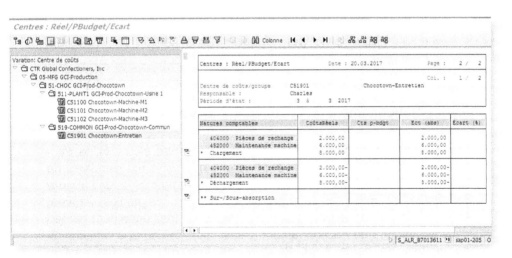

Figure 6.8 : KSV5 : Résultats de la répartition détaillée

Figure 6.9 : S_ALR_87013611 : Centre de coûts d'entretien après imputations réelles

Le centre C51100 avait à l'origine un coût de 200,00 $ pour la nature comptable 404000 (pièces de rechange). Après la répartition détaillée de 989,90 $ pour la nature comptable 404000 du centre de coûts C51901, le coût total de la nature comptable 404000 pour C51100 est de 1 189,90 $ (voir Figure 6.1 et Figure 6.10).

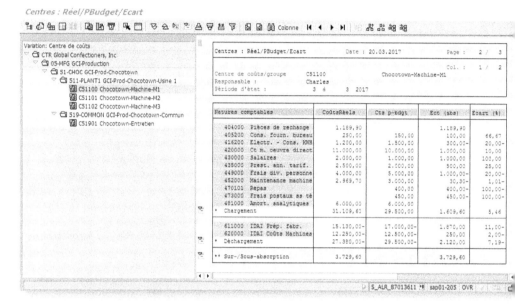

Figure 6.10 : S_ALR_87013611 : Centre de coûts de ligne de production après imputation

6.4 Fractionnement réel d'un centre de coûts

Comme pour le fractionnement budgété d'un centre de coûts, le *fractionnement réel d'un centre de coûts* alloue des coûts indépendants de l'activité à une activité particulière. Les coûts associés à une nature comptable spécifique (ou à un groupe de natures comptables) peuvent être attribués à une activité grâce aux règles de fractionnement gérées dans la structure de fractionnement (transaction OKES) et à l'affectation de centres de coûts à la structure de fractionnement (transaction OKEW).

6.4.1 Structure de fractionnement

Le chemin de menus est le suivant : OUTILS • CUSTOMIZING • IMG • TRAITEMENT DE PROJET • CONTROLE DE GESTION • COMPTABILITE ANALYTIQUE DES CENTRES • ÉCRITURES REELLES • CLOTURE DE PERIODE • IMPUTATION D'ACTIVITES • FRACTIONNEMENT • DEFINIR SCHEMA DE FRACTIONNEMENT.

La Figure 6.11 présente les SCHEMAS DE FRACTIONNEMENT « GC » pour la ligne d'AFFECTATION LAB (main-d'œuvre) quand tous les coûts du Groupe de NATURE COMPT. SPLIT_LAB sont attribués au TYPE D'ACTIVITE LABOR.

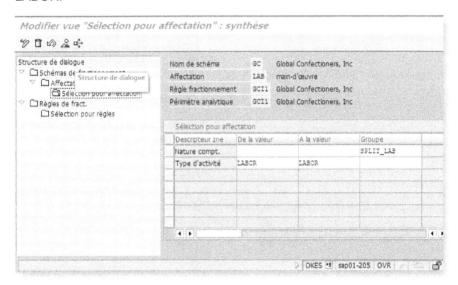

Figure 6.11 : OKES : Configuration d'une structure de fractionnement pour la main-d'œuvre

De la même manière, la Figure 6.12 présente les SCHEMAS DE FRACTIONNEMENT GC pour la ligne d'AFFECTATION MCH (heures-machine) quand tous les coûts du Groupe de NATURE COMPT. SPLIT_MCH sont attribués au TYPE D'ACTIVITE MCHRS.

87

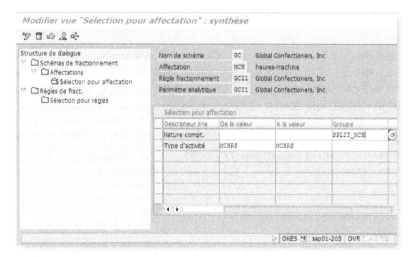

Figure 6.12 : OKES : Configuration d'une structure de fractionnement pour les heures-machine

La définition du groupe de natures comptables SPLIT_LAB est illustrée par la Figure 6.13 (transaction KAH3).

Le chemin de menus est le suivant : GESTION COMPTABLE • CONTROLE DE GESTION • COMPTABILITE ANALYTIQUE DES CENTRES • DONNEES DE BASE • GROUPE DE NATURES COMPTABLES • AFFICHER.

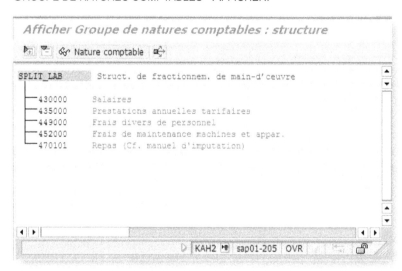

Figure 6.13 : KAH3 : Groupe de natures comptables pour le fractionnement de la main-d'œuvre

La définition du groupe de natures comptables SPLIT_MCH est illustrée par la Figure 6.14 (transaction KAH3).

Figure 6.14 : KAH3 : Groupe de natures comptables pour le fractionne-ment des heures-machine

6.4.2 Affectation de centres de coûts à la structure de fractionnement

Les centres sont astreints à une règle de fractionnement spéciale (OKEW, voir Figure 6.15).

Le chemin de menus est le suivant : OUTILS • CUSTOMIZING • IMG • TRAI-TEMENT DE PROJET • CONTROLE DE GESTION • COMPTABILITE ANALYTIQUE DES CENTRES • ÉCRITURES REELLES • CLOTURE DE PERIODE • IMPUTATION D'ACTIVITES • FRACTIONNEMENT • DEFINIR SCHEMA DE FRACTIONNEMENT • AFFECTER UN SCHEMA DE FRACTIONNEMENT AUX CENTRES DE COUTS.

Tous les centres de coûts de ligne de production sont affectés à la struc-ture de fractionnement GC. Les centres de coûts communs ou émetteurs ne se retrouvent pas dans la structure de fractionnement. Autrement dit, les centres de coûts associés à un type d'activité qui ont un prix budgé-té/réel déterminé doivent être affectés à la structure de fractionnement.

OKES et OKEW font toutes deux partie d'une configuration qui devrait peu évoluer.

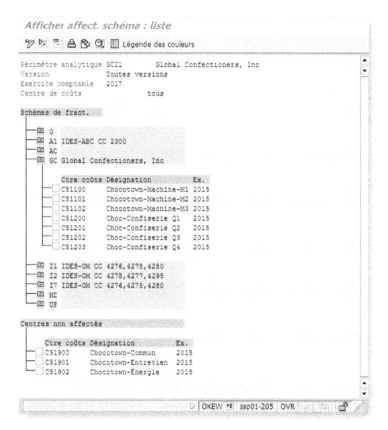

Figure 6.15 : OKEW : Affectation de centres de coûts à la structure de fractionnement

6.4.3   Fractionnement des coûts réels

Le fractionnement des coûts réels a lieu à la clôture de fin de mois à l'aide de la transaction KSS2.

Le chemin de menus est le suivant : GESTION COMPTABLE • CONTROLE DE GESTION • COMPTABILITE ANALYTIQUE DES CENTRES • CLOTURE DE PERIODE • FONCTIONS INDIVIDUELLES • FRACTIONNEMENT.

La Figure 6.16 présente l'écran initial de FRACTIONNEMENT DES COUTS REELS (KSS2). Le fractionnement peut avoir lieu à l'échelle du centre de coûts ou du groupe de centres de coûts.

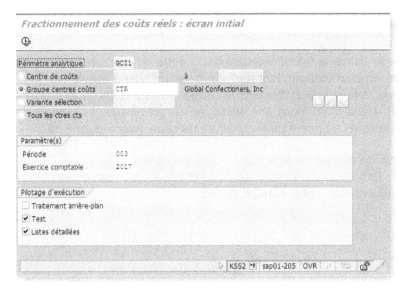

Figure 6.16 : KSS2 : Fractionnement des coûts réels

La Figure 6.17 montre l'écran de résultats de FRACTIONNEMENT DES COUTS REELS (KSS2). Les combinaisons de groupe de natures comptables et de barème sont gérées dans les règles de fractionnement (OKES) ; les groupes de natures comptables (KAH3) servent au fractionnement.

Fractionn. des coûts réels centres de coûts : liste [Test]

Natures comptables

Période 3 | Ex. comptable 2017 | Messages | Devise USD
Version (0) | Devise du périmètre de comptabilité an... | Etape Fract. des coûts selon les règles de fract.

Ctre coûts	Description	TypAct	Tx d'act.	ΣCts théoriques Σ	Solde cts réels Σ	Coûts réels
CS1100	Chocotown-Machine-M1	LABOR	29,67	23.550,00	7.339,70	22.469,70
CS1100	Chocotown-Machine-M1	MCHRS	32,67	30.270,00	3.610,10-	8.639,90
CS1101	Chocotown-Machine-M2	LABOR	19,23	26.769,23	21.502,54-	1.414,14
CS1101	Chocotown-Machine-M2	MCHRS	17,50	42.750,00	10.658,62-	471,38

Nat.compt.	Nature comptable (Texte)	TypAct	Origine	Total coûts budgétés	Coûts théoriques gl.	ΣCoûts à contrôler globaux
						0,00
420000	Cts main d'oeuvre directe	LABOR	/LABOR	30.000,00	8.900,00	11.000,00
430000	Salaires		/LABOR	3.000,00	3.000,00	2.000,00
435000	Prestations annuelles tarifaires		/LABOR	6.000,00	6.000,00	2.500,00
449000	Frais divers de personnel		/LABOR	15.000,00	4.450,00	4.000,00
452000	Frais de maintenance machines et a..		CS1901/LABOR	0,00	0,00	2.969,70
470101	Repas (Cf. manuel d'imputation)		/LABOR	1.200,00	1.200,00	0,00
		LABOR				22.469,70
404000	Pièces de rechange	MCHRS	/MCHRS	0,00	0,00	200,00
404000	Pièces de rechange		CS1901/MCHRS	0,00	0,00	989,90
405200	Cons. fournitures bureau		/MCHRS	450,00	450,00	250,00
416200	Electricité - Consommation KWH		/MCHRS	4.500,00	1.470,00	1.200,00
452000	Frais de maintenance machines et a..		/MCHRS	9.000,00	9.000,00	0,00
473000	Frais postaux (sauf téléphone)		/MCHRS	1.350,00	1.350,00	0,00
481000	Amortissements analytiques		/MCHRS	18.000,00	18.000,00	6.000,00
		MCHRS				8.639,90

Figure 6.17 : KSS2 : Résultats du fractionnement des coûts réels

6.5 Détermination des prix de cession réels

Après avoir utilisé le fractionnement d'un centre de coûts pour créer un lien entre un coût indépendant de l'activité et un type d'activité, on peut passer à la *détermination des prix de cession réels* à l'aide de la transaction KSII. Celle-ci ne peut être effectuée qu'au niveau du groupe de centres de coûts, et non à celui du centre de coûts (voir Figure 6.18).

Le chemin de menus est le suivant : GESTION COMPTABLE • CONTROLE DE GESTION • COMPTABILITE ANALYTIQUE DES CENTRES • CLOTURE DE PERIODE • FONCTIONS INDIVIDUELLES • CALCUL DU PRIX.

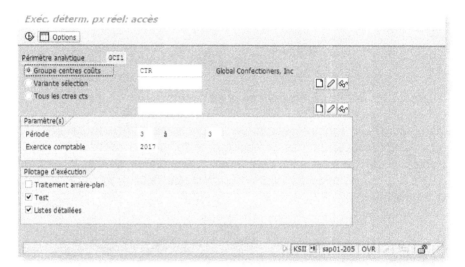

Figure 6.18 : KSII : Écran initial de détermination des prix de cession réels

Le prix réel est calculé pour chaque type d'activité affecté au centre de coûts, au sein du groupe de centres de coûts. Dans la Figure 6.19, on a calculé le prix de cession réel pour les types LABOR (main-d'œuvre) et MCHRS, pour les trois centres de coûts de ligne de production C51100, C51101 et C51102. On utilise des unités de prix 10, 100, 1 000 ou 10 000 afin de réduire les erreurs d'arrondi.

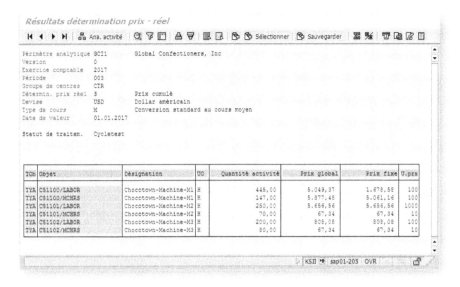

Figure 6.19 : KSII : Résultats de détermination des prix de cession réels

6.6 Revalorisation des activités en fonction des ordres

Si l'on utilise la transaction CON2, le système enregistre l'écart entre les taux budgété et réel, et revalorise les ordres à la fin du mois, sur base du taux réel. Cette transaction portera des écritures supplémentaires au crédit du centre de coûts, l'absorbant ainsi totalement.

Le chemin de menus est le suivant : GESTION COMPTABLE • CONTROLE DE GESTION • CONTROLE DES COUTS PAR PRODUIT • CALCUL ANALYTIQUE DES SUPPORTS DE COUTS • CONTROLE DES COUTS DE PRODUIT LIES A UN ORDRE • CLOTURE DE PERIODE • FONCTIONS INDIVIDUELLES • VALOR. A POSTERIORI PRIX REELS • TRAITEMENT GROUPE.

La Figure 6.20 représente l'écran initial de revalorisation des ordres en fonction des prix de cession réels. Cette opération se réalise à l'échelle de la division.

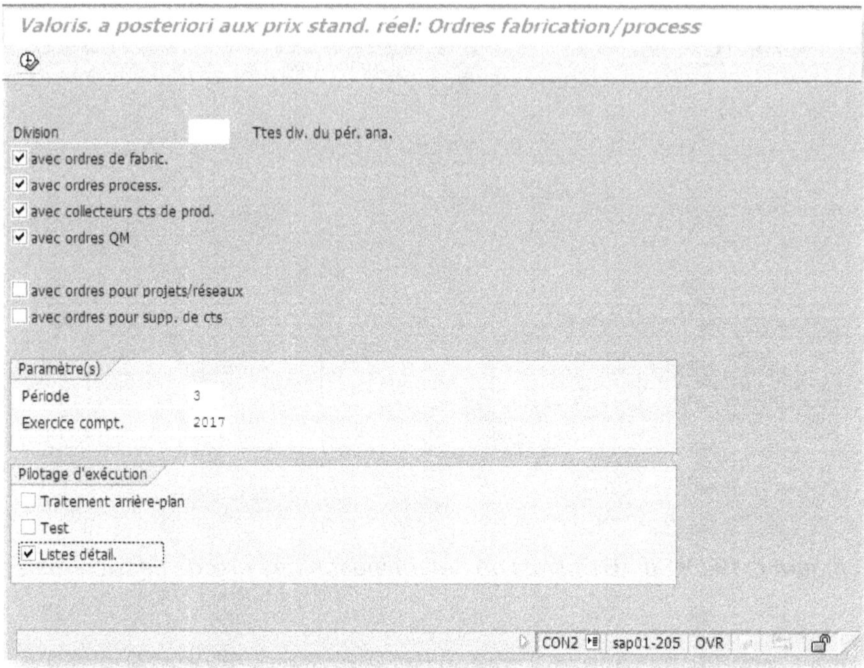

Figure 6.20 : CON2 : Écran initial de revalorisation d'ordres en fonction des prix réels

La Figure 6.21 montre le résultat de la revalorisation : les ÉMETTEURS (combinaison de centre de coûts et de type d'activité), le RECEPTEUR (numéro de l'ordre), la NATCPTDCHG (Nature capture décharge), et la VAL./DEVISE PERIM. (montant de revalorisation). L'ordre 70000742 a été revalorisé avec le montant de 7 339,70 $ pour l'activité LABOR et 3 610,10 $ pour MCHRS. La revalorisation totale du centre de coûts s'élève à 3 729,60 $.

Ce montant correspondant au montant non absorbé de 3 729,60 $ pour le centre C51100 (voir Figure 6.10).

La Figure 6.22 affiche les résultats de la revalorisation dans le rapport S_ALR_87013611. Le centre de coûts C51100 est à présent totalement absorbé.

À noter : un solde mineur de 0,01 $ pourrait apparaître en raison des arrondis. Si nécessaire, celui-ci peut être imputé à CO-PA grâce à KEU5 ou transféré à un ordre interne.

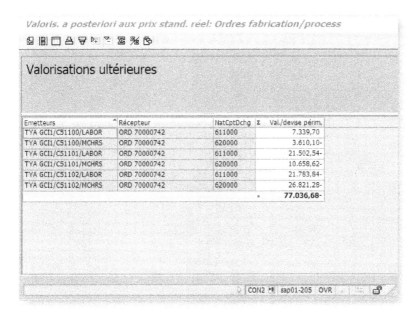

Figure 6.21 : CON2 : Résultats de la revalorisation d'ordres en fonction des prix réels

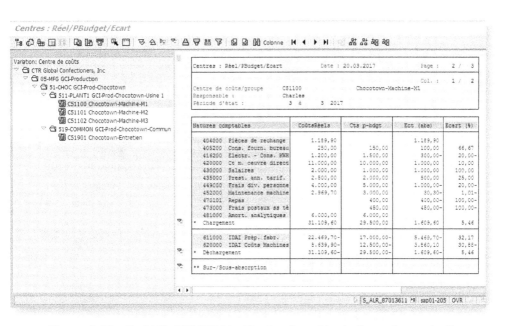

Figure 6.22 : S_ALR_87013611 : Centre de coûts de ligne de production après revalorisation en fonction du prix réel

95

La Figure 6.23 affiche les résultats de la revalorisation dans le rapport S_ALR_87013611. Tous les centres de coûts sont à présent totalement absorbés.

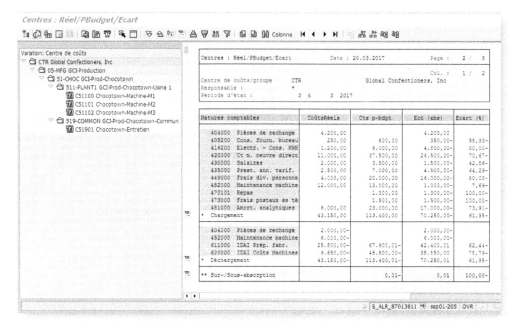

Figure 6.23 : S_ALR_87013611 : Tous les centres de coûts après revalorisation en fonction du prix réel

Parfois, la conception du système peut exiger que certaines natures comptables ne soient pas comprises dans le fractionnement du centre de coûts. Le cas échéant, elles ne seront pas transmises par revalorisation aux ordres de production/process/ordres internes. Ces coûts devront faire l'objet d'une rectification manuelle à l'aide d'un poste individuel ou d'une répartition globale à l'objet de résultat, grâce à la transaction KEU5.

Alex dressa un tableau (voir Figure 6.24) pour se souvenir des principales transactions.

Transactions d'absorption de centres de coûts utilisées chez GCI

Description de la transaction	Code de transaction	Objectif
Répartition détaillée de coûts réels	KSV5	La répartitionimputation des coûts (élémentla nature comptable de coût de l'expéditeur retenul'émetteur est conservée)
Exécuter répart. glob. au reelRépartition globale de coûts réels	KSU5	La répartitionimputation des coûts (élémentla nature comptable de coût de l'expéditeur nonl'émetteur n'est pas disponible)
Gérer schémastructure de fractionnement	OKES	Configurer Structure Fractionnement (Elémentsla structure de coûts, lesfractionnement (natures comptables, groupes, Aactivités)
Attribuer des centres de coûts à la structure de divisionfractionnement	OKEW	Configurer l'affectation des centres de coûts à la structure de divisionfractionnement
Fract. desFractionnement réel de centre de coûts réels : ctres cts	KSS2	Fixer lesAffecter des coûts Activité indepdentindépendants de l'activité à des types d''activités spécifiques
Déterm. px réel : centres de coûtsDétermination des prix de cession réels	KSII	Calculer le taux d'absorption réelle (taux de charge)
Val. a post. REEL: OrdFabr Trait. GrRevalorisation en fonction du prix réel	CON2	Réévalue commandes Revalorise des ordres de process / production avec le/fabrication en fonction du prix de l'activité réellecession réel

Autres transactions

Description de la transaction	Code de transaction	Objectif
Centres : Réel/PBudget/Ecartde coûts : rapport d'écart réel/budgété	S_ALR_87013611	CentreRapport de centre de coûts Rapport (Montant, Activités, SKFs) - Plan(montant, activités, SKF) - Budgété vs Rréel
Centres :Rapport de prix des types d'activitéde cession	KSBT	Rapport dude prix d'activitéde cession pour le de centre de coûts/groupe de centre / centre de coût de revientcentres de coûts
Afficher centre de coûts	KS03	Affichage du Ccentre de coûts utilisé dans l'allocation Cyclesle cycle de répartition
Afficher groupe de centres de coûts	KSH3	Affichage du Centregroupe de centres de coûts du Groupe utilisé dans l'allocation Cyclesle cycle de répartition
Afficher nature comptable	KA03	Affichage de l'élément de coût utiliséla nature comptable utilisée dans l'allocation Cyclesle cycle de répartition
Afficher groupe de nat.ures comptables	KAH3	Affichage des coûts Element Groupdu groupe de natures comptables utilisé dans l'allocation Cyclesle cycle de répartition
Afficher type d'activité	KL03	Affichage du type d'activité utilisé dans l'allocation Cyclesle cycle de répartition
Afficher ratios statistiquesratio statistique (SKF)	KK03	Affichage dedu SKF utilisé dans l'allocation Cyclesle cycle de répartition

Figure 6.24 : Transactions d'absorption de centres de coûts utilisées chez GCI

97

7 Coûts par produit : Qu'advient-il des coûts directs ?

« Au commencement, Dieu créa l'homme... et les coûts ne tardèrent pas. »
Profound Patricia, comptable de gestion

Le *calcul du coût de revient par produit* (CCR) représente la valorisation de composants et d'activités dans un ordre de process ou de production, à l'aide des prix des matériaux et des taux d'activité. Les valeurs budgétées et réelles sont enregistrées et communiquées avec les écarts, qui sont éliminés en suivant la politique d'entreprise. Tous les coûts directs engendrés par la fabrication d'un produit se retrouvent dans le CCR de celui-ci. Dans ce contexte, les coûts indirects comptent les frais de vente, frais généraux et dépenses administratives (aussi appelés « SG&A ») qui ne sont en général pas absorbés dans les coûts par produit.

À des fins de valorisation des stocks, une unité de production doit inclure tous les coûts de matières premières et de conversion, dont les coûts additionnels liés à la fabrication d'un produit fini.

7.1 Inducteurs de calcul du coût de revient par produit

Le manuel dressait une liste des différents inducteurs de CCR par produit :

▶ les quantités de matériaux viennent de (peuvent être lues dans) la nomenclature (BoM ou BOM) ;

▶ le coût de revient des composants est calculé à l'aide d'une méthode de calcul de coût de revient (standard ou par moyenne mobile/pondérée) en lisant les valeurs contenues dans la base de données articles, la fiche infos-achats (PIR) ou par le biais d'une autre méthode de valorisation du coût de revient budgété comme la tendance de prix (moyenne historique) ;

▶ le coût de revient des activités est calculé en appliquant des taux d'activité lorsque l'article se déplace à travers la gamme du produit (ou recette dans le cas de l'industrie de transformation), ou des opérations menées sur les postes de travail (ressources dans le cas de l'industrie de transformation) dans l'usine de fabrication ;

▶ les frais généraux sont imputés au prix de revient du produit par des types d'activité et/ou un schéma de calcul.

7.2 Dépendances des données de base

En règle générale, on regroupe la nomenclature et la gamme (ou recette) sous l'appellation *structure de quantité*, ce qui signifie que les quantités de CCR seront puisées dans ces éléments de données de base. Comme vous le savez, alors que la nomenclature nécessite que la base de données articles soit sur pied, la gamme (ou la recette) requiert la création d'un poste de travail (ou ressource).

Une nomenclature utilise la base de données articles pour extraire les quantités de composants et utilise les PIR ou d'autres coûts de revient budgétés pour obtenir les taux de CCR des articles.

Une gamme (ou recette) déduit les quantités d'activité du poste de travail (ou ressource). Les barèmes sont générés pour une combinaison particulière d'un type d'activité et d'un centre de coûts à l'aide de la budgétisation du centre de coûts.

Pour les matières premières ou produits semi-finis ou finis, on calcule le CCR avec le coût repris dans la base de données articles ou la PIR. La *variante de valorisation* détermine la séquence d'accès des prix : le prix qu'il faut utiliser en premier, entre le prix de PIR ou le prix standard de la base de données articles, ou encore le prix moyen pondéré de la base de données articles.

Si une recette utilise un type d'activité pour le temps de préparation, la taille du lot du CCR utilisée aura un impact sur le coût de préparation par unité. Un plus grand lot de CCR engendrerait ainsi un coût de préparation par unité plus faible. À contrario, un plus petit lot de CCR mènerait à un coût de préparation par unité plus important.

Le manuel s'étendait sur différentes données de base de production, en particulier la base de données articles, la nomenclature, le poste de travail (ressource) et la gamme (recette). Bien que ces éléments de données de base ne soient ni détenus ni toujours gérés par les équipes de gestion financière ou de CCR des produits, ils font partie intégrante de l'ERP SAP. Ils garantissent une excellente intégration entre le processus de fabrication et le CCR des produits.

7.3 Base de données articles

Une *base de données articles* (ou plus simplement un article) est une clé alphanumérique permettant d'identifier un article. Un article peut être une matière première, un article semi-fini ou fini, ou une pièce de rechange. L'article définit un groupe physique ou logique partageant la même forme, convenance et fonction. L'utilisation d'une base de données articles est essentielle aux mouvements de stock. L'article et son usage s'étendent à plusieurs modules SAP et processus dans une entreprise. Une fois les opérations enregistrées, il est très difficile de modifier certaines de ces zones sans avoir à effectuer une fastidieuse refonte. Il est ainsi crucial de bien définir les articles dans les premières phases d'installation de SAP.

La transaction MM03 permet d'afficher un article. Un article pouvant avoir plusieurs utilités, il convient de définir une base de données articles avec des vues rassemblées logiquement d'après leur fonction ou procédé. Voici certaines vues présentes dans une base de données articles : DONNEES DE BASE, PLANIFICATION DES BESOINS, PREPARATION DU TRAVAIL, DONNEES GEN. DIVIS./STOCKAGE, COMPTABILITE, CCR etc.

Le chemin de menus est le suivant : LOGISTIQUE • GESTION DES ARTICLES • FICHE ARTICLE • ARTICLE • AFFICHER • AFFICHER ETAT ACTUEL.

7.3.1 Zones ayant un impact sur les coûts par produit, détenues par la gestion financière

Comptabilité 1/CCR 2

La Figure 7.1 montre un exemple des zones de la vue COMPTABILITE 1/CCR 2 de la base de données articles.

La *classe de valorisation* permet de faire le lien entre la base de données articles et le module FI. Grâce à elle, il est plus facile d'inscrire des valeurs de stocks d'articles d'un même type d'article sur les mêmes comptes GL.

Le *code prix* indique la méthode de *valorisation des stocks*. Le module SAP Contrôle de gestion offre deux méthodes de valorisation des stocks et de calcul du coût de revient par produit : le PRIX STANDARD (représenté par la lettre « S ») et le PRIX MOYEN PONDERE (représenté par la lettre « V »). La méthode étant identifiée à l'échelle de la base de données articles, différentes méthodes de valorisation peuvent être appliquées pour différents articles d'une même division. Toutefois, les articles semi-finis et finis produits en interne doivent toujours utiliser le code « S ». Les articles d'origine externe peuvent utiliser « S » ou « V », en fonction de la politique de l'entreprise ou des choix dans la gestion de projet.

Code standard vs. code « prix moyen pondéré »

 Les articles semi-finis et finis produits en interne doivent toujours utiliser le code de coût standard « S ». Les articles d'origine externe peuvent utiliser « S » ou « V », en fonction de la politique de l'entreprise ou des choix dans la gestion de projet.

La zone de *prix standard* (ou coût standard) contient le prix de l'article. Le prix doit être exprimé en coefficient unité de prix par unité de quantité de base dans la devise donnée (par exemple : 4 590 USD/1 000 kg ; 2 961,29 EUR/1 000 kg). Si un article est valorisé par code « prix moyen pondéré », la valeur de la zone de prix standard est uniquement statistique, ce qui signifie que cette zone ne sert pas à inscrire d'opérations de mouvement de stock.

Le *coefficient unité de prix* évite les problèmes d'arrondi lors du traitement d'opérations de mouvement de stock.

Utilisation du coefficient unité de prix

 Un article valorisé à 29,37 centimes, ou 0,2937 $, par pièce doit être créé avec un coefficient unité de prix au moins égal à 100, de sorte que le prix soit de 29,37 $/100, voire de 293,70 $/1 000. Cela permet d'éviter les écarts d'arrondi.

Le code *ledger articles actif* signifie que le ledger articles est actif pour cette division. Le marquage est automatique si le ledger articles est activé pour cette division.

Le code de *calcul du prix* n'est utilisable que si l'on recourt au ledger articles pour cette division. Il définit les règles de répercussion des coûts dans le ledger articles : mononiveau (pour un article en particulier) ou multiniveau (coût de composants répercuté aux articles produits).

Le *prix moyen pondéré* est le prix auquel l'article est valorisé. La valorisation des stocks par prix moyen pondéré signifie que le prix de l'article est ajusté pour refléter les fluctuations continues des prix d'approvisionnement. Si un article est valorisé par code « prix standard », la valeur de la zone de prix moyen pondéré est uniquement statistique, ce qui signifie que cette zone ne sert pas à inscrire d'opérations de mouvement de stock.

La *catégorie de valorisation* est utilisée lorsque la *valorisation séparée* est activée. Ce code détermine si les stocks de l'article sont valorisés ensemble ou séparément. Si l'on utilise une catégorie de valorisation, par exemple à l'aide d'un code de lot, l'article est valorisé à l'échelle du *lot*, c'est-à-dire que chaque lot possède son propre coût. Si la zone de catégorie de valorisation reste vide, tous les lots sont valorisés avec le même coût. Ce code détermine également les types de valorisation admis, c'est-à-dire les critères permettant de valoriser des stocks.

Le *type de valorisation* constitue la valeur individuelle se trouvant sous le niveau de l'article. Cette zone n'est utilisée que lorsque la valorisation séparée est activée, quand chaque lot représente un type de valorisation différent. Si l'on souhaite valoriser un article en fonction de son origine, importée ou non, chaque origine est un type de valorisation.

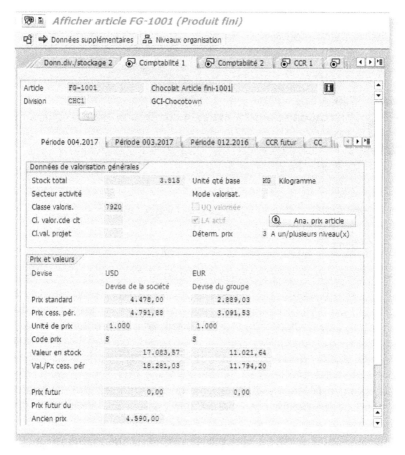

Figure 7.1 : MM03 : Vue Comptabilité 1

Comptabilité 2

La Figure 7.2 montre un exemple des zones de la vue COMPTABILITE 2 de la base de données articles.

Le PRIX FISCAL 1 représente le prix auquel l'article est valorisé à des fins de valorisation fiscale. Il peut être déterminé à l'aide de différents calculs de coût de revient standard, ou manuellement.

Le PRIX COMMERCIAL 1 représente le prix auquel l'article est valorisé à des fins de valorisation commerciale. Il peut être déterminé à l'aide de différents calculs de coût de revient standard, ou manuellement.

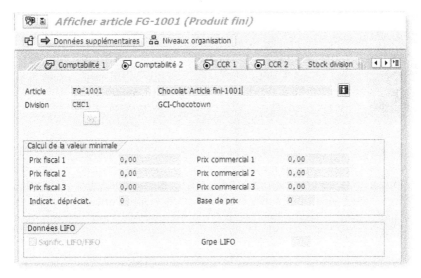

Figure 7.2 : MM03 : Vue Comptabilité 2

CCR 1

La Figure 7.3 montre un exemple des zones de la vue CCR 1 de la base de données articles.

Le code *pas de CCR* détermine s'il est possible de créer un calcul de coût de revient pour un article donné. Le coût de revient de l'article ne sera pas calculé si ce code est coché.

Les *groupes d'origine* servent à ventiler les coûts sous le niveau des éléments de coût. Ils sont imputés à un élément de coût de sorte que le CCR puisse être vu à ce niveau.

Le code *Avec struct. de qtés* améliore la performance au moment de l'éclatement de structure pendant le CCR.

Fournissant des détails sur le numéro d'article, le code d'*origine article* aide à analyser les coûts d'articles pendant le reporting.

Les écarts ne peuvent être calculés que pour les ordres auxquels l'on a assigné une *clé d'écarts*. Tous les articles produits doivent avoir une clé d'écarts, pour laquelle une valeur standard doit être définie.

Le *groupe de frais généraux* représente une clé définissant la base/formule qui sera appliquée à l'article lors du calcul de coût de re-vient standard.

105

Groupe de frais de transport additionnels

Il est possible d'inclure les frais de transport calculés aux coûts standard en définissant un groupe de coûts additionnels de 10 % de frais de transport sur les matières premières, 8 % de frais de transport sur les emballages et 3 % de coûts sur les autres matières.

La zone de *centre de profit* identifie le service responsable, le site ou l'unité productive ou commerciale, en fonction de la conception de centre de profit utilisée. Le centre de profit de l'article provient des données d'opération, parmi lesquelles les ordres de process, les commandes d'achat et les commandes clients.

La *taille du lot du CCR r*eprésente la quantité utilisée pour les calculs du coût de revient. Elle doit être égale ou supérieure au coefficient unité de prix de l'écran de gestion comptable.

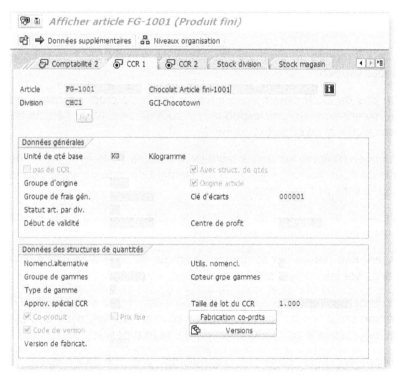

Figure 7.3 : MM03 : Vue CCR 1

106

CCR 2

La Figure 7.4 montre un exemple des zones de la vue CCR 2 de la base de données articles.

Le CCR marqué est stocké dans la zone *coût de revient budgété sous le bouton de commande « Futur »*. Celui-ci est mis à jour lors de l'étape « marquer calcul du coût de revient » de la transaction CK24/CK40N ; il ne peut pas être mis à jour directement dans la base de données articles.

Le CCR débloqué est stocké dans la zone de *coût de revient budgété sous le bouton de commande « En cours»* (qui est également mis à jour dans la zone de *prix standard*). Ces deux zones sont mises à jour lors de l'étape « débloquer calcul du coût de revient » de la transaction CK24/CK40N ; elles ne peuvent pas être mises à jour directement dans la base de données articles.

Le CCR débloqué précédemment est stocké dans la zone de *coût de revient budgété sous le bouton de commande « Passé »*. Cette zone est mise à jour lors du déblocage d'un nouveau CCR. Comme pour les coûts de revient budgétés futur et en cours, elle ne peut être mise à jour directement dans la base de données articles.

Mise à jour des calculs des coûts de revient dans la base de données articles

 Les zones de coûts de revient budgétés futur, en cours et passé ne peuvent être mises à jour directement dans la base de données articles. Elles sont mises à jour lors de l'étape de marquage/déblocage du calcul du coût de revient de la transaction CK24/CK40N.

Le *prix budgété 1* est un coût défini manuellement qui peut se substituer aux autres coûts s'il est configuré dans la séquence d'accès de variante de valorisation.

La *date prix budgété 1* correspond à la date à partir de laquelle le coût de revient budgété est valable (pertinent pour la date de valorisation dans le cycle de CCR).

Figure 7.4 : MM03 : Vue CCR 2

7.3.2 Zones non détenues directement par la gestion financière, mais ayant un impact sur les coûts par produit

Données de base 1

La Figure 7.5 montre un exemple des zones de la vue DONNEES DE BASE 1 de la base de données articles.

L'*unité de quantité de base* représente l'unité dans laquelle le coût sera exprimé dans les vues Calcul du coût de revient et Gestion comptable. L'unité de quantité de base utilisée doit être choisie avec soin lors de la conception car elle ne peut pas être modifiée pendant la phase de gestion et les opérations qui en dépendent.

Choix d'unités de quantité de base

 Les produits finis, telles les barres chocolatées, doivent-ils être gérés en grammes, en kilogrammes ou par boîte ? Le papier d'aluminium utilisé pour emballer le chocolat doit-il être géré en mètres et en centimètres, en pieds et en pouces, ou les deux ? Ces questions sont pertinentes et débouchent sur des décisions cruciales, qui doivent être prises au début de l'installation du système. Beaucoup de données de base, données d'opération et processus descendants dépendent de la définition de l'unité de quantité de base. Une fois qu'un article est utilisé pour des opérations, il est très difficile de changer l'unité de quantité lui correspondant.

Le module SAP Contrôle de gestion présente une option permettant d'utiliser des *unités de quantité alternatives* afin d'effectuer des conversions entre les unités alternatives et l'unité de base.

Unités de quantité alternatives

 Si un article fini est créé avec l'unité de quantité de base « boîte », mais qu'il faut également surveiller le poids de l'article en kilogrammes, la conversion de boîte à kilogramme a lieu grâce à une unité de quantité alternative.

Pour les unités de quantité correspondant à une même grandeur, l'unité alternative n'est pas requise. Par exemple, si l'on crée un article dont l'unité de quantité de base est le kilogramme, il n'est pas nécessaire de mener la conversion en grammes au niveau de la base de données articles. Ces deux unités faisant partie de la grandeur « masse », le système convertira automatiquement 1 000 grammes en un kilogramme. En revanche, la conversion de ce même article de kilogrammes en pieds cubes ou mètres cubes devra être gérée comme une unité alternative, puisque ces deux dernières unités correspondent à la grandeur « volume ».

Le *statut article* sert à déterminer les transactions admises pour un certain statut article. Le *Statut de l'article inter-divisions* (STAT.ART.INT.-DIVIS.) géré dans la vue de DONNEES DE BASE 1, s'applique à toutes les divisions. Le *Statut article propre à la division* (STATUT ART. PAR DIV.) des vues

109

de division (PLANIFICATION DES BESOINS 1 et CCR 1) se substitue au statut présent dans la vue de DONNEES DE BASE.

La *hiérarchie de produits* est une chaîne de caractères alphanumériques (AA-BBB-CCCC-DD-E, par exemple) servant à organiser les caractéristiques produit. La conception de la hiérarchie de produits se répercute dans CO-PA et dans les rapports de ventes.

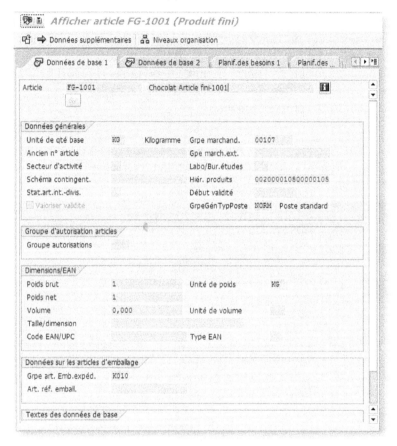

Figure 7.5 : MM03 : Vue de données de base 1

Planification des besoins 2/CCR 1

La vue de *planification des besoins* (MRP) est importante à la planification. Certaines zones ont un impact sur le CCR.

Le *statut article* sert à déterminer les transactions admises pour un statut article donné. Le Statut de l'article inter-divisions (STAT.ART.INT.-DIVIS.)

géré dans la vue de données de base, s'applique à toutes les divisions. Le Statut article propre à la division (STATUT ART. PAR DIV.) des vues de division (Planification des besoins 1 et CCR 1) se substitue au statut présent dans la vue de données de base.

L'APPROVISIONNEMENT SPECIAL 30 est utilisé pour la sous-traitance. Voici quelques options de clé d'approvisionnement spécial :

- ▶ 10 Consignation ;
- ▶ 20 Approvisionnement externe ;
- ▶ 30 Sous-traitance ;
- ▶ 40 Transfert de stock (approvisionnement d'une autre division) ;
- ▶ 45 Transfert de stock d'une division à une unité de planification des besoins ;
- ▶ 50 Article fantôme ;
- ▶ 52 Fabrication directe/ordre groupé ;
- ▶ 60 Besoins primaires planifiés ;
- ▶ 70 Réservation d'une autre division ;
- ▶ 80 Production dans une autre division.

Planification des besoins 2

La Figure 7.6 montre un exemple des zones de la vue PLANIFICATION DES BESOINS 2 de la base de données articles.

Le *type d'approvisionnement* indique si un article est acheté (F), produit en interne (E) ou les deux (X). Cette zone est importante pour la planification des besoins et le CCR. Si un article est indiqué comme acheté, un cycle de CCR cherchera le prix d'achat. S'il est indiqué comme produit, le cycle de CCR s'intéressera à la nomenclature/recette de base du coût. Si les deux sont indiqués, le programme de cycle de CCR cherchera d'abord à effectuer le calcul de l'article en interne. Si cela ne fonctionne pas, l'article sera considéré comme acheté pour le CCR.

Le code de *sortie rétroactive* peut être configuré dans la base de données articles. Il définit si un composant sera sorti directement (la quantité consommée exacte sera inscrite de façon explicite) ou proposé par défaut à partir d'une norme de nomenclature. La sortie rétroactive admet deux codes :

1. Toujours prélever rétroactivement ;
2. Le poste de travail décide de la sortie rétroactive.

Si la première option est sélectionnée, la valeur par défaut dans la nomenclature sera utilisée pour la consommation. Si l'on choisit l'option 2 ou aucune des deux, la règle de sortie rétroactive peut être configurée à l'étape de gamme/recette individuelle.

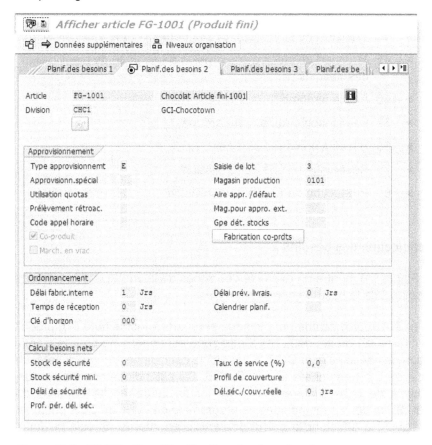

Figure 7.6 : MM03 : Vue Planification des besoins 2

7.4 Nomenclature

Une *nomenclature* est une liste détaillée des composants nécessaires à la fabrication d'un produit semi-fini ou fini. Elle contient le numéro d'objet, la quantité et l'unité de quantité de chaque composant. Les composants s'appellent *postes de nomenclature*.

Un produit peut être fabriqué à l'aide d'une ou plusieurs nomenclature(s), si plusieurs méthodes de production sont utilisées. On appelle chaque ensemble de nomenclatures une *nomenclature alternative*.

Les nomenclatures sont propres à chaque division (alors que le même article fini peut être produit avec plusieurs composants de différentes divisions).

La nomenclature Utilisation 1 s'applique à la planification des besoins et à la production, et peut éventuellement être utilisée pour le CCR. La nomenclature Utilisation 6 s'applique au CCR. Différentes utilisations d'une nomenclature impliquent une gestion double : par exemple, la nomenclature *Utilisation 1* devra être gérée pour la production, tandis qu'il faudra gérer *Utilisation 6* pour le CCR.

La nomenclature pour l'Utilisation 1 alimentera les besoins de planification. Cette demande entraîne des besoins secondaires, menant au réapprovisionnement de composants et de marchandises en vrac.

Un article présent dans une nomenclature dont le calcul du prix de revient n'est pas effectué et qui n'a pas de stock est un *article fictif*. Il sert uniquement à faciliter la gestion de certains groupes de composants.

Figure 7.7 : CS03 : Nomenclature

La Figure 7.7 présente la vue AFFICHER NOMENCLATURE ARTICLE (transaction CS03) pour l'article d'en-tête FG-1001, pour lequel il y a un composant, RAW-1001. Le chemin de menus est le suivant : LOGISTIQUE • PRO-

DUCTION • DONNEES DE BASE • NOMENCLATURES • NOMENCLATURES • NO-MENCLATURE ARTICLE • AFFICHER.

La Figure 7.8 montre le marquage du CODE DE PRISE EN COMPTE DANS LE CALCUL DU CR dans la vue de STAT./TXT DESC., au niveau du poste de nomenclature.

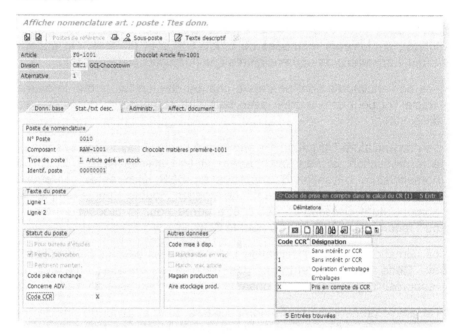

Figure 7.8 : CS03 : Marquage de prise en compte du CCR de nomenclature

7.5 Poste de travail/ressource

Une *ressource* (ou *poste de travail* dans le cas d'une fabrication répétitive) représente une zone de fabrication, une machine individuelle, un groupe de machines ou toute une ligne de production. Chaque étape opérationnelle de production est menée par une ressource de production. Les ressources de production sont créées pour représenter une zone de production, une machine individuelle, un groupe de machines ou toute une ligne de production. Elles sont liées à des centres de coûts afin de définir le calcul de coût et le reporting. Les ressources de productions sont créées au niveau de la division.

La Figure 7.9 présente la vue AFFICHER RESSOURCE : AFFECTATION DES
CENTRES DE COUTS (transaction CRC3). La gestion du TYPE D'ACTIVITE par
défaut s'effectue à l'aide d'une formule de CCR.

Le chemin de menus d'affichage de ressources dans l'industrie de transformation est le suivant : LOGISTIQUE • PRODUCTION PROCESS • DONNEES
DE BASE • RESSOURCES • RESSOURCE • AFFICHER.

Le chemin de menus d'affichage des postes de travail dans la fabrication
répétitive est le suivant : LOGISTIQUE • PRODUCTION • DONNEES DE BASE •
POSTES DE TRAVAIL • POSTE DE TRAVAIL • AFFICHER.

Figure 7.9 : CRC3 : Onglet de CCR d'une ressource

7.6   Gamme/recette de base

Nécessaire pour chaque produit semi-fini ou fini, une *recette de base* combine la nomenclature et les gammes (étapes opérationnelles). Elle est constituée d'un en-tête et de plusieurs opérations. Chaque opération est menée à une ressource.

Une version de fabrication sert à attribuer une nomenclature alternative à une gamme (opérations) de sorte à terminer la création et la recette de base. C'est fondamental lorsqu'un produit possède plusieurs nomenclatures et plusieurs gammes.

Une recette présente différents onglets :

► EN-TETE DE RECETTE : contient le nom du produit, l'UGS, des quantités valables et variables, et des exigences d'assurance de qualité (gammes de contrôle) ;

► OPERATIONS : contacte notamment le processus de fabrication, la configuration, le contrôle d'articles, le remplissage de produit ainsi que les informations relatives aux ressources et coûts de chaque opération ;

► ARTICLES : nomenclature : contient les numéros d'article et les proportions exactes ;

► DONNEES DE GESTION : permet le suivi des modifications (version, dates effectives).

La Figure 7.10 montre l'onglet OPERATIONS d'AFFICHER RECETTE (transaction C203).

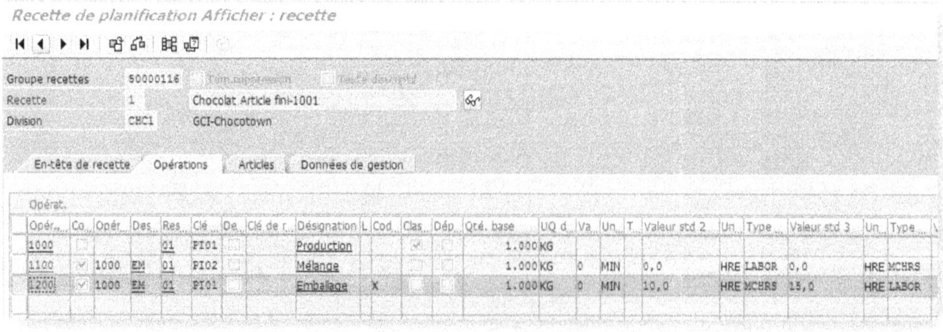

Figure 7.10 : C203 : Vue des opérations de recette

Le chemin de menus est le suivant : Logistique • Production process • Donnees de base • Recettes de base • Recette et liste d'articles • Afficher.

La Figure 7.11 montre les détails des opérations. Pour produire 1 000 kg de cet article, il faut 10 heures-machine et 15 heures de main-d'œuvre sur la Ressource 01. Ces heures sont représentées par type d'activité. Par exemple, si trois ouvriers travaillent sur cette machine et que l'on prévoit d'en retirer un, la recette devra être mise à jour pour refléter ce changement de 15 à 10 heures de main-d'œuvre.

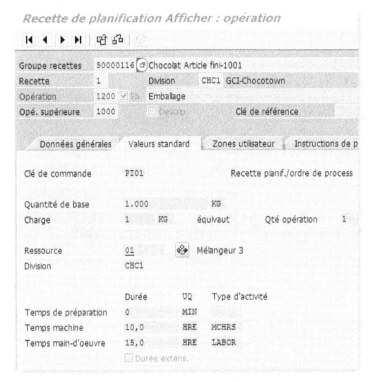

Figure 7.11 : C203 : Vue détaillée de l'opération de recette

7.7   Coûts repris lors du calcul du coût de revient

Le CCR par produit comprend les éléments suivants :

▶   la variante de calcul du coût de revient : détermine différentes stratégies de CCR ;

▶ les types d'activité : déterminent le taux de quantité qui servira à l'absorption des coûts directs et frais généraux (main-d'œuvre, équipement, etc.) ;

▶ les éléments de coût : déterminent la manière dont les coûts seront comprimés ;

▶ le schéma de calcul : détermine la manière dont les frais généraux seront ajoutés ;

▶ le calcul du coût de revient : contient les coûts budgétés pour un ordre d'article ou de process ;

▶ le cycle de CCR : permet le calcul simultané du coût de revient de plusieurs articles.

7.7.1 Variante de calcul du coût de revient

La *variante de calcul du coût de revient* représente un recueil de certaines règles de gestion qui contient toutes les données de gestion pour le CCR, dont les données relatives à la méthode de calcul du coût de revient, et les prix d'articles ou barèmes utilisés pour valoriser les postes de CCR.

Pour le calcul du coût de revient d'un article (CCR avec et sans structure de quantité), la variante de CCR détermine les aspects suivants :

▶ Le type de calcul du coût de revient : À quoi servira ce CCR ?

▶ La variante de valorisation : Quels aspects seront pris en compte pour le CCR ?

▶ La gestion des délais : Quelles dates seront utilisées pour la valorisation et la structure de quantité ?

▶ L'identification de détermination de la structure de quantité : Quelle nomenclature/recette de base sera utilisée pour le CCR, la fabrication, etc. ?

▶ La commande de reprise : Les composants seront-ils réévalués ou transmettront-ils leur coût repris existant ?

La Figure 7.12 montre la configuration des VARIANTES DE CALCUL DU CR (transaction OKKN).

Le chemin de menus est le suivant : Outils • Customizing • IMG • SPRO - Traitement de projet • Controle de gestion • Controle des couts par produit • Calcul du cout de revient par produit • CCR article avec struct. de quantites • Definir les variantes de calcul du cout de revient.

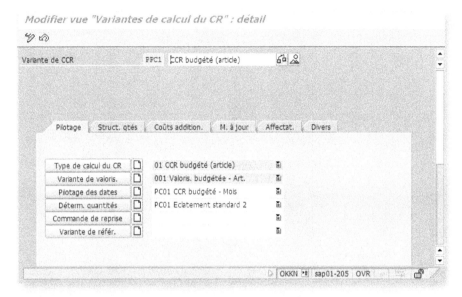

Figure 7.12 : OKKN : Variante de calcul du coût de revient

7.7.2 Variante de valorisation

La *variante de valorisation* définit la manière dont l'article, les activités, les sous-traitants et les coûts additionnels de frais généraux seront valorisés à l'aide de séquences de priorités pour chacun d'entre eux. Par exemple : commencer par utiliser 1 ; si absence de valeur, utiliser 2, etc.

► La valorisation du stock : prix de la fiche infos-achat ;

► les activités : prix budgété pour la période ;

► les sous-traitants : prix net à la commande ;

► la sous-traitance : prix réel de l'offre ;

► le coût additionnel : schéma de calcul PP-PC1.

119

La Figure 7.13 montre la configuration des Variantes de valorisation (transaction OKK4).

Le chemin de menus est le suivant : Outils • Customizing • IMG • SPRO - Traitement de projet • Controle de gestion • Controle des couts par produit • Calcul du cout de revient par produit • CCR article avec struct. de quantites • Variante de calcul du cout de revient : composants • Definir variantes de valorisation.

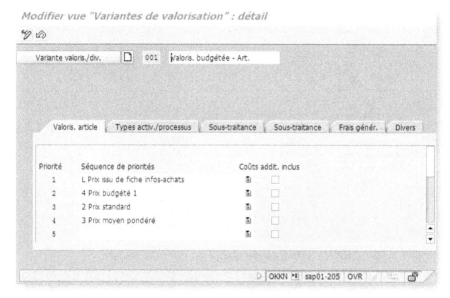

Figure 7.13 : OKK4 : Variante de valorisation

7.7.3 Schéma de calcul

Un *schéma de calcul* sert à imputer un coût additionnel indirect à un produit.

Un certain pourcentage du coût additionnel est appliqué au produit en fonction des sorties d'article ou des frais d'activité main-d'œuvre sur l'ordre de fabrication.

Les centres de coûts possédant les coûts additionnels indirects sont crédités.

Voici des exemples de calcul des coûts additionnels :

▶ Coût du fret entrant proportionnellement au coût de base de l'article ;

▶ $/kg en fonction du poids de l'article ;

▶ $/kg en fonction du poids de l'article d'un groupe d'origine en particulier ;

▶ $/heure en fonction des heures passées : l'utilisation de coûts additionnels de frais généraux peut donner des résultats similaires à celle d'un type d'activité, mais se sert d'un vecteur différent pour absorber les coûts.

La Figure 7.14 montre la configuration des SCHEMAS DE CALCUL (transaction KZS2).

Le chemin de menus est le suivant : OUTILS • CUSTOMIZING • IMG • SPRO - TRAITEMENT DE PROJET • CONTROLE DE GESTION • CONTROLE DES COUTS PAR PRODUIT • CALCUL DU COUT DE REVIENT PAR PRODUIT • OPTIONS DE BASE POUR CALCUL DU COUT DE REVIENT ARTICLE • COUTS ADDITIONNELS DE FRAIS GENERAUX • DEFINIR LES SCHEMAS DE CALCUL.

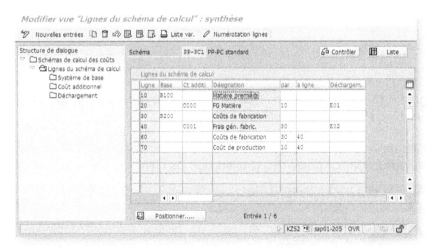

Figure 7.14 : KZS2 : Schéma de calcul

7.7.4 Calcul du coût de revient

Le *calcul du coût de revient* représente le coût budgété d'un support de coût de production. Il se sert de la nomenclature et de la gamme (struc-

121

ture de quantité) pour obtenir le coût budgété, qui peut être transféré à la base de données articles sous la forme du coût de revient budgété, à des fins de CCR par produit pour valoriser l'article. La variante de CCR détermine le calcul du coût de revient qui doit être considéré pour le calcul du coût de revient standard.

La Figure 7.15 montre l'onglet DONNEES DE CCR dans la vue CREER UN CCR ARTICLE AVEC STRUCTURE DE QUANTITES (transaction CK11N).

Le chemin de menus est le suivant : GESTION COMPTABLE • CONTROLE DE GESTION • CONTROLE DES COUTS PAR PRODUIT • CALCUL DU COUT DE RE-VIENT PAR PRODUIT • CALCUL DU COUT DE REVIENT POUR ARTICLES • CALCUL DU COUT DE REVIENT AVEC STRUCT. DE QUANTITES • CREER.

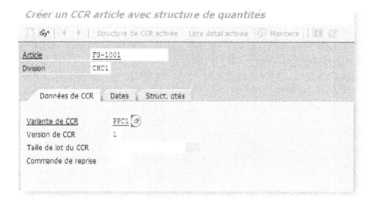

Figure 7.15 : CK11N : Écran initial de création du calcul de coût de re-vient avec structure de quantités

La Figure 7.16 montre l'onglet DATES dans la vue CREER UN CCR ARTICLE AVEC STRUCTURE DE QUANTITES (transaction CK11N).

Dates dans le calcul du coût de revient

 Pour le calcul du coût de revient standard débloqué dans la base de données articles, la section DE LA DATE DE CALCUL ne peut pas être passée. Les dates de validi-té de la nomenclature et de la gamme/recette utilisées pour le CCR dépendent de la DATE D'ÉCLATEMENT. Les prix d'articles et barèmes dépendent de la DATE VALORISATION choisie dans l'écran de sélection du calcul du coût de revient.

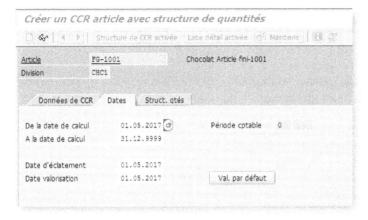

Figure 7.16 : CK11N : Dates de création du calcul du coût de revient avec structure de quantités

La Figure 7.17 montre les résultats de la vue CREER UN CCR ARTICLE AVEC STRUCTURE DE QUANTITES (transaction CK13N).

Le chemin de menus est le suivant : CONTROLE DE GESTION • CONTROLE DES COUTS PAR PRODUIT • CALCUL DU COUT DE REVIENT PAR PRODUIT • CALCUL DU COUT DE REVIENT POUR ARTICLES • CALCUL DU COUT DE REVIENT AVEC STRUCT. DE QUANTITES • AFFICHER.

Figure 7.17 : CK11N : Résultats de la création du calcul du coût de revient avec structure de quantités

Une fois que la précision de l'estimation du coût est examinée et validée, le calcul du coût de revient est MARQUE et VALIDE (transaction CK24).

Le chemin de menus est le suivant : CONTROLE DE GESTION • CONTROLE DES COUTS PAR PRODUIT • CALCUL DU COUT DE REVIENT PAR PRODUIT • CALCUL DU COUT DE REVIENT POUR ARTICLES • MISE A JOUR DES PRIX.

Le calcul du coût de revient standard marqué est ajouté à la fiche article comme coût de revient standard futur (vues CCR et Gestion comptable).

Le calcul du coût de revient standard débloqué est ajouté à la fiche article comme coût de revient standard actuel.

Lorsque le calcul du coût de revient est débloqué pour une autre période, le prix budgété standard géré jusque-là passe à la zone de coût de revient budgété précédent, ce qui permet de garder un historique du coût de revient dans la base de données articles.

Déblocage du calcul de coût de revient

 Le déblocage d'un calcul du coût de revient erroné peut causer des écritures financières incorrectes. Il est impossible de débloquer un autre CCR pour la même période, à moins de mener une réorganisation. Il est techniquement impossible de débloquer un nouveau coût de revient pour la même période si le ledger articles est mis en œuvre. Il est ainsi crucial de réviser consciencieusement un CCR avant de le débloquer.

7.7.5   Cycle de calcul du coût de revient

Le *cycle de calcul du coût de revient* permet de calculer simultanément le coût de revient de plusieurs articles. Reproduisant tout le processus de CCR d'un article avec une nomenclature, il peut être exécuté en arrière-plan pour d'importants volumes d'articles.

Les résultats de CCR peuvent servir à marquer et débloquer plusieurs calculs du coût de revient standard à la fois. Les étapes de marquage et de déblocage font partie du cycle de CCR en masse CK40N (contrairement au CCR individuel CK11N pour lequel il faut utiliser une autre transaction, CK24, pour le marquage et le déblocage).

La Figure 7.18 montre la vue TRAITER LE CYCLE DE CALCUL DU COUT DE REVIENT (transaction CK40N).

Le chemin de menus est le suivant : CONTROLE DE GESTION • CONTROLE DES COUTS PAR PRODUIT • CALCUL DU COUT DE REVIENT PAR PRODUIT • CALCUL DU COUT DE REVIENT POUR ARTICLES • CYCLE DE CALCUL DU COUT DE REVIENT • TRAITER LE CYCLE DE CALCUL DU COUT DE REVIENT.

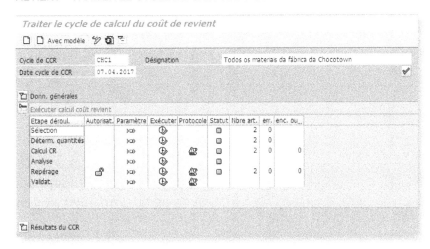

Figure 7.18 : CK40N : Cycle de calcul du coût de revient

7.8   Éléments de coûts

Le coût d'un produit se compose généralement des coûts d'article, de main-d'œuvre, de sous-traitance et des coûts additionnels. Les *éléments de coûts* permettent de ventiler les coûts entre des catégories/périodes prédéfinies. L'origine de chaque élément de coût doit être définie, généralement par un groupe de tranches de natures comptables associé à ce coût.

La Figure 7.19 montre la configuration d'un INTERVALLE D'ELEMENTS (transaction OKTZ).

Le chemin de menus est le suivant : OUTILS • CUSTOMIZING • IMG • SPRO - TRAITEMENT DE PROJET • CONTROLE DE GESTION • CONTROLE DES COUTS PAR PRODUIT • CALCUL DU COUT DE REVIENT PAR PRODUIT • OPTIONS DE BASE POUR CALCUL DU COUT DE REVIENT ARTICLE • DEFINIR SCHEMA DES ELEMENTS DE COUTS.

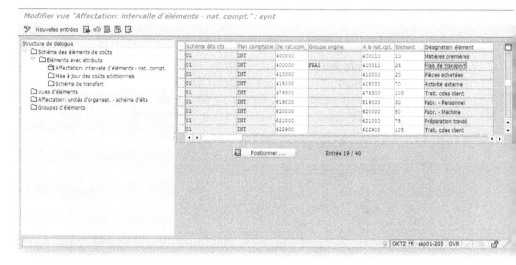

Figure 7.19 : OKTZ : Configuration d'élément de coûts

La Figure 7.20 montre les résultats de la vue ÉLEMENTS DE COUTS de l'AFFICHER UN CCR ARTICLE AVEC STRUCTURE DE QUANTITES (transaction CK13N).

Eléments de coûts de l'art. FG-1001 ds div. CHC1

El.	Désignation élément	Σ	Totalité Σ	Fixe Σ	Variable	Devise
10	Matières premières		3.000,00		3.000,00	USD
20	Pièces achetées					USD
25	Frais de transport					USD
30	Fabr. - Personnel					USD
40	Fabr. - Préparer					USD
50	Fabr. - Machine		1.250,00	1.100,00	150,00	USD
60	Fabr. - Marquage					USD
70	Activité externe					USD
75	Préparation travail					USD
80	Frais gén. / matière					USD
90	Frais outillage int.					USD
95	Frais outillage ext.					USD
120	Coûts divers		340,00	40,00	300,00	USD
200	Processus production					USD
210	Processus approvis.					USD
			4.590,00	1.140,00	3.450,00	USD

Figure 7.20 : CK13N : Vue d'éléments de coût du calcul de coût de re-vient

7.9   Reporting de budgétisation des coûts par produit

Alex dressa un tableau (voir Figure 7.21) pour se souvenir des principales transactions liées au CCR par produit.

Objets de données de base et leur code de transaction

Objet de données de base	Créer	Modifier	Afficher	Autres
Base de données articles	MM01	MM02	MM03	MM60 - Liste d'articles
Nomenclature	CS01	CS02	CS03	CS11 - Éclater nomenclature
				CS15 - Liste de cas d'emploi
				CS20 - Modification en masse
Poste de travail	CR01	CR02	CR03	CR05 - Liste de postes de travail
				CR06 - Affectation de centre de coûts
Gamme	CA01	CA02	CA03	CA85 - Remplacer poste de travail
Ressource	CRC1	CRC2	CRC3	CA81 - Liste de cas d'emploi
Recette de base	C201	C202	C203	C251 - Liste de recettes
Version de fabrication	C223			

Calcul de coût de revient	Transaction
Créer CCR	CK11N
Afficher CCR	CK13N
Marquer/débloquer CCR	CK24
Cycle de CCR	CK40N

Rapports de CCR	Transaction
Liste de CCR articles existants	S_P99_41000111
Analyse de cycles de CCR	S_ALR_87099930
Analyse/comparaison de cycles de CCR	S_ALR_87099931
Écarts entres cycles de CCR	S_ALR_87099932

Sélectionner configuration	Transaction
Variante de CCR	OKKN
Variante de valorisation	OKK4
Schéma de calcul	KZS2
Éléments de coût	OKTZ

Autres options de CCR	Transaction
Coûts additionnels	CK74
CCR mixte - alternatives d'approvisionnement	CK91N
Facteurs de pondération	CK94

Figure 7.21 : Codes de transaction du calcul du coût de revient par produit

127

8 La planification de la production et le contrôle de gestion : tout s'éclaire dans l'usine

« La fabrication va bien au-delà du simple assemblage. Elle implique d'avoir des idées, de tester des principes et d'en perfectionner la technique ainsi que l'assemblage final. »
James Dyson

Étant donné la nature extrêmement intégrée de l'ERP SAP, il est important que le contrôleur de gestion soit conscient de tout ce qui se passe dans le domaine de la planification de la production. Le contrôle de gestion étant largement influencé par les actions (ou parfois l'inaction) de la planification de la production, une connaissance approfondie des opérations qui ont lieu dans l'atelier est essentielle pour saisir leur impact sur les performances financières de l'usine.

Avant même que la planification de la production ne puisse commencer à mettre en place des opérations, le contrôle de gestion doit y créer les conditions nécessaires.

▶ Les coûts standard doivent exister pour l'article et ses composants.

▶ Les barèmes doivent exister pour les activités utilisées au cours de la gamme/recette.

Les activités normales de planification de la production et de réalisation en atelier peuvent être lancées une fois ces conditions remplies.

8.1 Créer un ordre de process

Les contrôleurs de planification des besoins (MRP) utilisent généralement une procédure MRP pour créer les ordres. Ces derniers peuvent être créés directement grâce à la transaction COR1. On exécute différentes étapes, telles que l'ordonnancement, le contrôle de disponibilité de l'article, le lancement de l'ordre et le calcul du coût de revient prévisionnel.

Le chemin de menus est le suivant : LOGISTIQUE • PRODUCTION PROCESS • ORDRE DE PROCESS • ORDRE DE PROCESS • CREER • AVEC ARTICLE.

Les ordres de fabrication utilisent la transaction CO01. S'il existe des différences entre les ordres de fabrication et de process, leurs conséquences pour le flux de données et pour la gestion comptable et le contrôle de gestion sous-jacents sont similaires.

Le chemin de menus est le suivant : LOGISTIQUE • PRODUCTION • PILOTAGE DE L'ATELIER • ORDRE • CREER • AVEC ARTICLE.

Pour un type d'ordre donné, un ordre de process est créé pour une combinaison d'article et de division. Ce type d'ordre détermine le type de production qui peut être mené (par exemple, PI01 pour un article fini, PI11 pour un article semi-fini, PI99 pour des essais de R&D et PI98 pour des ordres de retraitement, etc.) et la règle d'imputation d'ordre qui sera adoptée.

Consultez la Figure 8.1 pour voir un exemple de la vue CREER ORDRE DE PROCESS : ECRAN INITIAL.

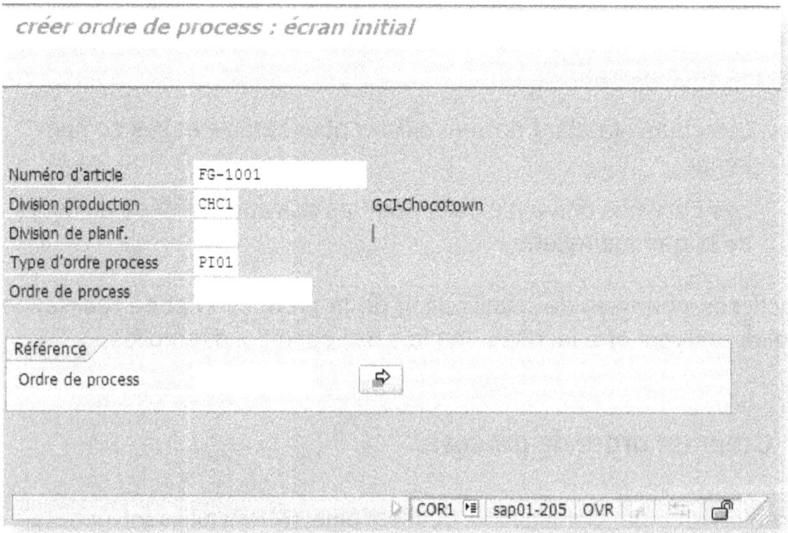

Figure 8.1 : COR1 : Écran initial de création d'un ordre de process

Les composants sont tirés de la nomenclature, tandis que les opérations proviennent de la recette de base. Selon comment le système a été configuré, le personnel d'atelier peut modifier les ordres de process. Toutefois, autant que faire se peut, les bonnes pratiques veulent que l'on conserve des données de base précises et mises à jour afin d'éviter tout problème lors de l'exécution en atelier. Une fois que l'article, la division et le type d'ordre sont entrés, l'écran suivant affiche l'en-tête de l'ordre de process (voir Figure 8.2).

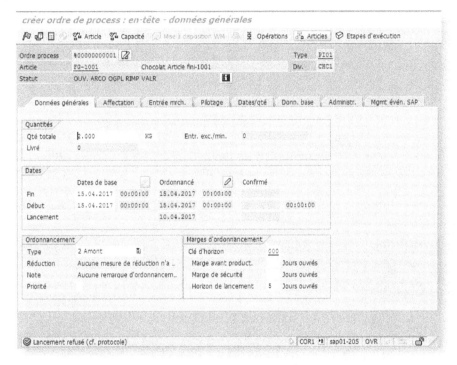

Figure 8.2 : COR1 : Créer ordre de process

Une règle d'imputation est créée pour l'ordre de process en fonction du type d'ordre utilisé. La Figure 8.3 montre l'imputation de l'ordre à l'article. Cela signifie que tout écart de cet ordre de process sera imputé (transféré) à l'article.

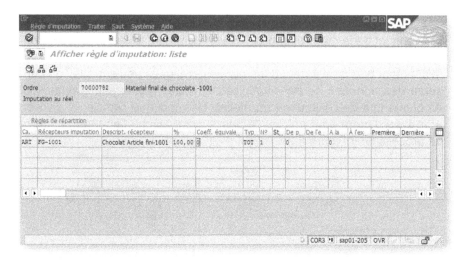

Figure 8.3 : COR3 : Règle d'imputation d'ordre de process

La règle d'imputation détermine la manière d'éliminer l'écart d'ordre. La règle la plus commune consiste à imputer à l'article (pour la production régulière), mais il est également possible, par exemple, d'imputer au centre de coûts (pour les essais de R&D), au compte GL et aux éléments de projet/d'OTP (pour les projets de capitaux).

Pas d'écriture financière à l'étape de la création d'ordre

 Aucune écriture financière n'est effectuée au moment de la création de l'ordre. On crée des réservations d'articles, mais tant que ces articles ne sont pas sortis, il n'y a pas d'écriture financière. L'ordre commencera à recevoir des coûts réels lorsqu'une ou plusieurs sortie(s) de marchandises, confirmation(s) et entrée(s) de marchandises a/ont lieu pour l'ordre.

8.2 Sortie de marchandises

Le personnel d'atelier peut commencer à enregistrer les opérations d'un ordre de process à partir du moment où le gestionnaire l'a débloqué. Un ordre reçoit le premier ensemble de coûts réels lors de la sortie de marchandises (composants).

La *sortie de marchandises* représente une écriture dans le système qui enregistre l'émission d'un stock en un objet CO (ordre de process, ordre interne ou centre de coûts). En règle générale, on procède à la sortie de marchandises à l'aide de la transaction MB1A ou au moyen de transactions comme MIGO ou MIGO_GI (voir Figure 8.4).

Le chemin de menus est le suivant : LOGISTIQUE • PRODUCTION PROCESS • ORDRE DE PROCESS • ENVIRONNEMENT • MOUVEMENT DE STOCK • PRELEVER ARTICLE.

Le *code mouvement 261* est utilisé pour la sortie de marchandises pour des ordres de production/process. Une inversion (ou annulation) de sortie de marchandises vers ordre nécessite le code mouvement 262.

Les codes mouvement sont essentiels dans le module Gestion des articles et alimentent, avec la classe de valorisation, les écritures financières qui ont lieu pour une opération donnée.

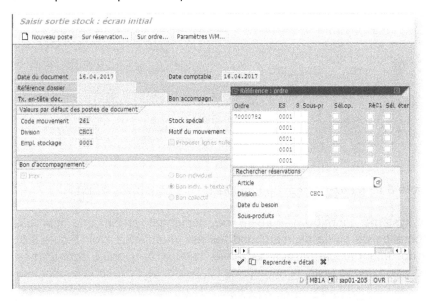

Figure 8.4 : MB1A : Écran initial de sortie de marchandises

Il est possible d'entrer la quantité réelle de matières premières (RAW-1) allouées à l'ordre, si elle est disponible (voir Figure 8.5). Une *sortie directe* a lieu lorsque la quantité réelle est entrée. Une *sortie rétroactive* se produit lorsque la quantité que la nomenclature propose par défaut est consommée par l'ordre. Il n'y aura ainsi pas d'écart sur l'ordre, puisque la quantité réelle est égale à la quantité standard. Aussi, la décision d'effectuer la sortie rétroactive est cruciale et doit être envisagée lors de la phase de mise en œuvre du projet. En ce qui concerne la saisie des données, la plupart des entreprises essaient de trouver un équilibre entre la précision (rendue possible par la sortie directe) et l'efficacité (grâce à la sortie rétroactive).

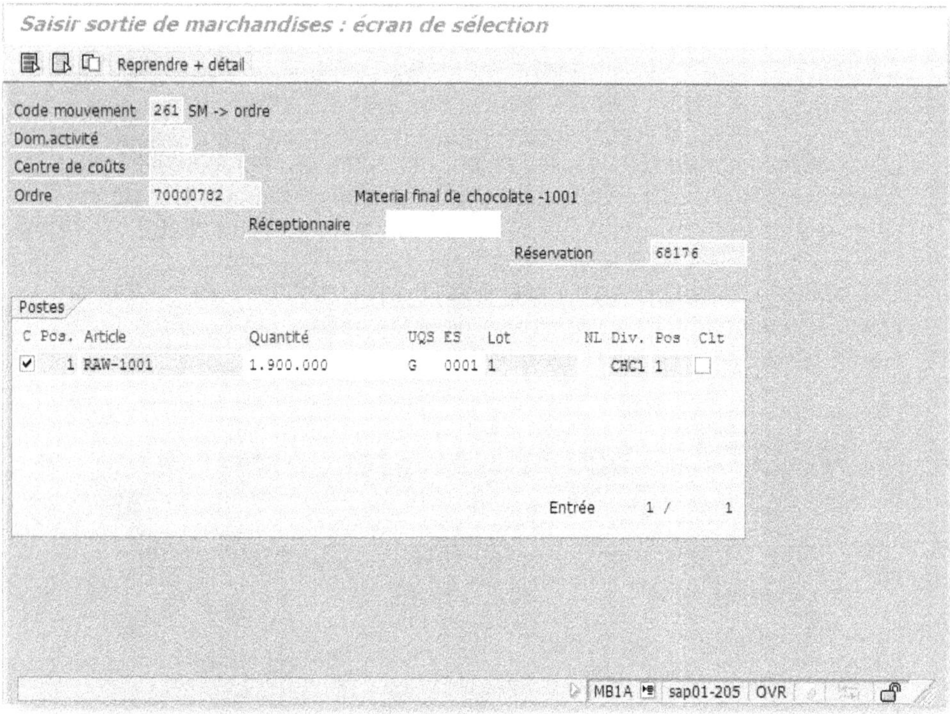

Figure 8.5 : MB1A : Écran de quantité de marchandises à sortir

Le système fournit un numéro de document article une fois que l'opération de sortie de marchandises est enregistrée (voir Figure 8.6). Le document article permet de vérifier l'article, la quantité consommée, la division, le magasin, le numéro de lot, l'ordre, le code mouvement, etc.

Le chemin de menus est le suivant : LOGISTIQUE • GESTION DES ARTICLES • GESTION DES STOCKS • DOCUMENT ARTICLE • AFFICHER.

Ce document article mène généralement à la création, en arrière-plan, de pièces comptables, selon la configuration du code mouvement, de la classe de valorisation et du type d'opération dans le système (voir Figure 8.7). La classe de valorisation et le code mouvement ont un impact important sur nombre de ces écritures financières.

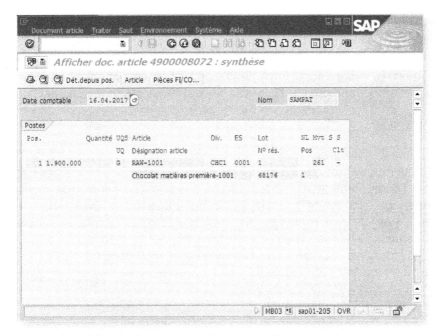

Figure 8.6 : MB1A : Document article de sortie de marchandises

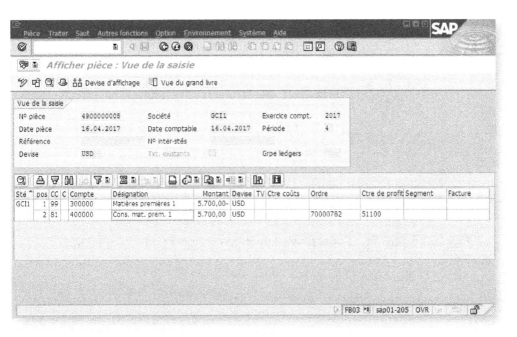

Figure 8.7 : MB1A : Pièce comptable de sortie de marchandises

Impact de la gestion comptable lors de la sortie de marchandises

 Lors de la sortie de marchandises, le système crédite le compte GL MATIÈRES PREMIÈRES et débite le compte GL et l'ordre de process CONS. MAT. PREM.

Les opérations menées sur l'ordre de process se retrouvent directement dans l'écran ORDRE DE PROCESS COUTS ANALYSE. Le chemin de menu d'affichage d'ordre de process (code de transaction COR3 • SAUT • COUTS • ANALYSE) offre une bonne visibilité des coûts inscrits sur l'ordre de process, avec une comparaison budgété/réel et théorique/réel. Les enregistrements de sortie de marchandises sont portés au débit de l'ordre de process (voir Figure 8.8).

Le chemin de menus est le suivant : LOGISTIQUE • PRODUCTION PROCESS • ORDRE DE PROCESS • ORDRE DE PROCESS • AFFICHER.

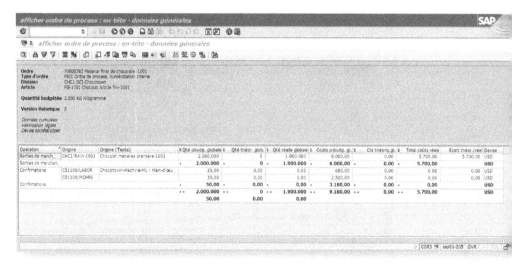

Figure 8.8 : COR3 : Coûts d'ordre de process après sortie de marchandises

8.3   Confirmation

Une *confirmation* représente une pièce qui enregistre le travail accompli pour une opération. Les *opérations* correspondent à des étapes de production auxquelles il est possible d'affecter des articles ou activités.

Une fois les marchandises sorties sur l'ordre, il convient d'enregistrer le nombre d'heures nécessaires à la fabrication du produit de l'ordre.

En règle générale, une confirmation a lieu à l'aide de la transaction COR6N (voir Figure 8.9) ou des transactions CORK ou KB21N.

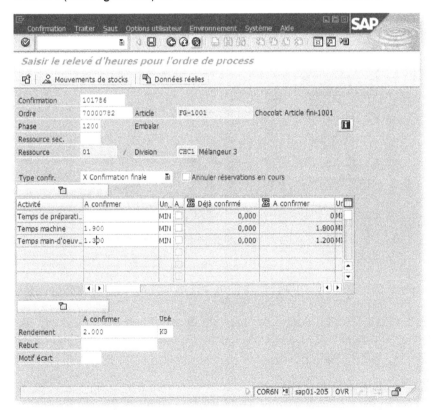

Figure 8.9 : COR6N : Relevé d´heures pour l´ordre de process

Le chemin de menus est le suivant : LOGISTIQUE • PRODUCTION PROCESS • ORDRE DE PROCESS • CONFIRMATION • SAISIE PAR OPERATION • RELEVE D'HEURES

137

La transaction de confirmation extrait les quantités d'activités de l'ordre de process. Les valeurs par défaut de l'écran COR6N sont : 1 800 minutes (30 heures) pour la machine et 1 200 minutes (20 heures) pour la main-d'œuvre. Toutefois, elles ont été mises à jour avec les heures effectives de 1 900 minutes (31,667 heures) pour la machine et 1 300 minutes (21,667 heures) pour la main-d'œuvre.

La confirmation inscrit la quantité d'activité sur l'ordre (voir Figure 8.10). Il est possible d'entrer la quantité d'activité allouée à l'ordre, si elle est disponible. De la même manière que pour la sortie de marchandises, il est nécessaire de décider de la sortie directe ou rétroactive à l'étape de confirmation.

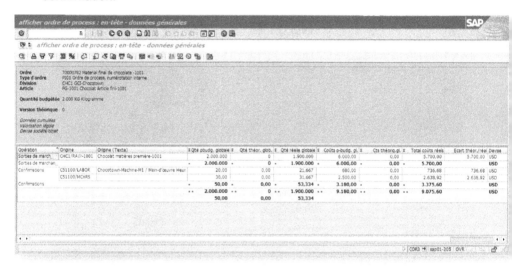

Figure 8.10 : COR3 : Coûts d'ordre de process après confirmation

L'impact sur le coût d'une opération de confirmation s'affiche alors sur l'ordre de process. Les enregistrements de confirmation sont portés au débit de l'ordre de process.

Comme le montre la Figure 8.9, même si la quantité budgétée était de 20 heures de main-d'œuvre et de 30 heures-machine, 21,667 heures de main-d'œuvre et 31,667 heures-machine ont été dépensées.

La confirmation d'une activité sur ordre a un impact sur le centre de coûts et l'ordre. Un ordre est débité quand la quantité (et valeur) d'activité est confirmée, tandis que le centre de coûts se voit crédité. Le rapport de comparaison budgété/réel du centre de coûts S_ALR_87013611 reflète ces informations immédiatement après confirmation (voir Figure 8.11).

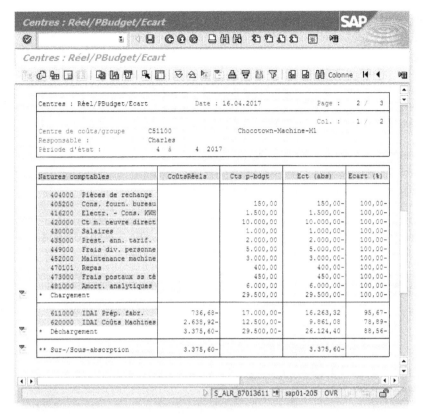

Figure 8.11 : S_ALR_87013611 : Rapport du centre de coûts après con-firmation

Le chemin de menus est le suivant : GESTION COMPTABLE • CONTROLE DE GESTION • COMPTABILITE ANALYTIQUE DES CENTRES • SYSTEME D'INFORMATION • COMPARAISONS PRE-BUDGET/REEL • CENTRES : REEL/PBUDGET/ÉCART .

Influence de la gestion comptable sur la confirmation

Le système crédite la nature comptable secondaire du type d'activité et le centre de coûts et débite la nature comptable secondaire ainsi que l'ordre de process au moment de la confirmation de l'activité.

8.4 Entrée de marchandises

L'*entrée de marchandises (EM)* représente une écriture dans le système qui témoigne de la production de marchandises.

En règle générale, l'entrée de marchandises a lieu à l'aide de la transaction MB31 (voir Figure 8.12) ou des transactions MIGO et MIGO_GR.

Le chemin de menus est le suivant : LOGISTIQUE • PRODUCTION PROCESS • ORDRE DE PROCESS • ENVIRONNEMENT • MOUVEMENT DE STOCK • LIVRER ARTICLE.

Le code mouvement 101 sert à l'entrée de marchandises pour des ordres de production/process. Une inversion (ou annulation) d'entrée de marchandises vers ordre nécessite le code mouvement 102.

Figure 8.12 : MB31 : Écran initial d'entrée de marchandises

Dans l'exemple de la Figure 8.13, la production réelle est de 2 100 kg alors que l'ordre de process faisait état de 2 000 kg budgétés. La quantité supplémentaire, ici 100 kg, est souvent appelée *livraison excédentaire*. Alors que les coûts budgétés de l'ordre seront calculés en fonction de la quantité budgétée de 2 000 kg, les coûts théoriques de l'ordre seront calculés sur la base de la quantité réelle de 2 100 kg.

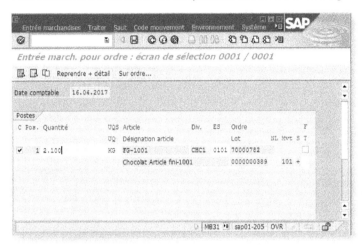

Figure 8.13 : MB31 : Écran de quantité d'entrée de marchandises

À l'instar de la sortie de marchandises, l'opération d'entrée de marchandises crée un document article (voir Figure 8.14). Le document article permet de vérifier l'article, la quantité produite, la division, le magasin, le numéro de lot, l'ordre, le code mouvement, etc.

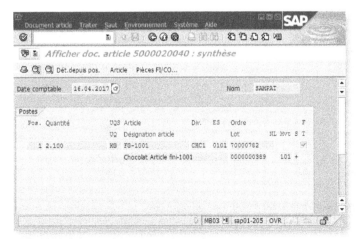

Figure 8.14 : MB31 : Document article d'entrée de marchandises

141

De la même manière, ce document article mène à la création, en arrière-plan, de pièces comptables, selon la configuration du code mouvement, de la classe de valorisation et du type d'opération dans le système (voir Figure 8.15).

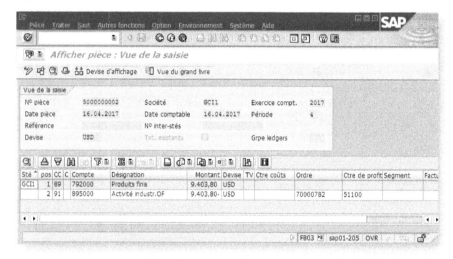

Figure 8.15 : MB31 : Pièce comptable d'entrée de marchandises

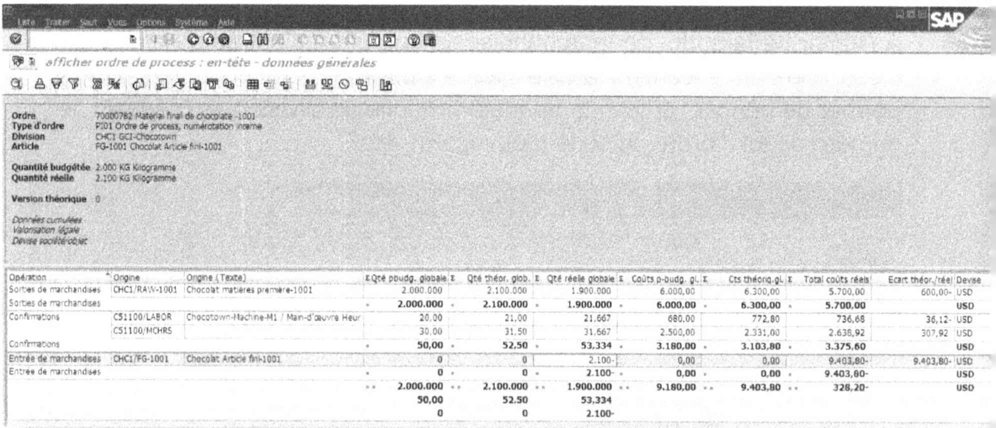

Figure 8.16 : COR3 : Coûts d'ordre de process après entrée de marchandises

L'opération d'entrée de marchandises enregistre la production sur un ordre de process en portant la quantité et la valeur au crédit de cet ordre (voir Figure 8.16). Par ailleurs, la quantité et le coût théoriques sont mis à jour et ajustés pour tenir compte de la quantité de production réelle.

Impact de la gestion comptable lors de l'entrée de marchandises

 Au moment de l'entrée de marchandises sur l'ordre de process, le système crédite le compte GL de production de sortie d'usine (également appelée « valeur de production ») et l'ordre de process, puis débite le compte GL de stocks.

Alex résuma ces informations en dressant une liste de transactions pour la planification de la production et le contrôle de gestion (voir Tableau 8.1).

Code de transaction	Désignation
COR1	Créer ordre de process
COR2	Modifier ordre de process
COR3	Afficher ordre de process
COR3 • Saut • Coûts • Analyse	Afficher coûts d'ordre de process
CO01	Créer ordre de fabrication
MB1A	Entrer sortie de marchandises
MB03	Afficher document article
FB03	Afficher pièce comptable
COR6N	Entrer confirmation
MB31	Entrer entrée de marchandises
MIGO	Entrer mouvement de stock
MIGO_GI	Entrer sortie de marchandises
MIGO_GR	Entrer entrée de marchandises

Tableau 8.1 : Codes de transaction pour la planification de la production et le contrôle de gestion

143

9 La clôture mensuelle : le rapport de statut de votre entreprise

« La fin du mois approche, gardons notre calme et poursuivons la comptabilité. »
Anonyme

« La fin du mois approche », dit Bertrand à Alex. « J'imagine que tu connais les étapes de gestion financière que nous exécutons à ce moment-là. Nous le faisons tous les mois depuis des années : il y a l'ECF, l'écart, l'imputation et l'analyse d'ordre de process. »

Cela n'était pas nouveau pour Alex : chez FLW, la gestion des articles, de la production et des finances menaient des tâches coordonnées dans les derniers jours du mois en cours, activités qui se poursuivaient pendant les premiers jours du mois suivant.

9.1 Inventaire périodique et répartition d'écarts de quantité consommée

Le comptage inventaire (appelé également « inventaire périodique ») est mené par les équipes de gestion des articles et de l'atelier. Selon si l'on remarque un écart net positif ou négatif entre l'inventaire physique et l'inventaire du système, un gain ou une perte est inscrit(e) sur le compte de résultat.

Si l'inventaire périodique est plutôt mené dans l'atelier et/ou l'entrepôt, les opérations qu'il entraîne ont un impact sur la gestion financière et les informations internes. Aussi, la gestion financière doit être au courant du processus. Par ailleurs, certaines entreprises souhaitent répartir les écarts d'inventaire périodique entre les ordres de production/process récents. Ce processus est rendu possible par la fonction de *répartition d'écarts de quantité consommée* (DUV) présente dans SAP.

L'imputation des ordres de process a lieu en fin de mois. Selon leur statut, certains ordres peuvent rester incomplets et doivent alors être reportés au mois suivant. L'écart peut être calculé sur les ordres clôturés, alors que les ordres incomplets sont traités comme des en-cours de fabrication.

9.2 Statut d'ordre de process

Le système affecte différents statuts à un ordre pendant son cycle de vie. Par exemple, le statut OUV (créé) est accordé au moment de la création de l'ordre, LANC (lancé) lorsqu'il est lancé, LIVP (partiellement livré) lors de la livraison partielle, LIVR (livré) lors de la livraison finale et TCLO (clôturé techniquement) lorsqu'il est techniquement clôturé. Le statut de l'ordre détermine le type de transactions commerciales qu'il admet et joue ainsi un rôle crucial dans son cycle de vie.

On peut avoir accès au statut d'un ordre sur COR3 en cliquant sur le bouton Statut 🔘. La Figure 9.1 montre différents statuts d'un exemple d'ordre.

Les statuts suivants sont importants pour la gestion financière :

▶ LANC : lancé. Donné lorsqu'un ordre est lancé, ce statut permet d'inscrire sur l'ordre toutes les valeurs réelles et engagées.

▶ CCRP : coût de revient prévisionnel effectué. Indique qu'il existe un calcul du coût de revient pour un ordre.

▶ LIVP : partiellement livré. Ce statut est accordé lors de l'entrée de marchandises si seule une partie de la quantité prévue a été livrée.

▶ LIVR : livré. Apparaît si la quantité prévue d'un objet a été livrée, ou si le code de livraison finale a été saisi lors de l'entrée de marchandises.

▶ TCLO : clôturé techniquement. Cela signifie que l'on clôture un ordre de fabrication d'un point de vue logistique. Cette fonction est généralement utilisée s'il faut interrompre prématurément l'exécution d'un ordre, ou si l'ordre n'a pas pu être exécuté comme demandé et qu'il faut supprimer des besoins ouverts pour l'ordre (réservations, capacités, etc.).

▶ ECRT : écarts déterminés. Ce statut est accordé par le système lorsque des écarts ont été calculés pour un ordre.

▶ REGU : Régular. effectuée. Ce statut est accordé par le système après avoir effectué le calcul d'ECF d'un ordre.

Figure 9.1 : COR3 : Affichage d'un statut ordre

Ordres clôturés et ordres incomplets

Ordres clôturés : ceux pour lesquels le statut système est soit LIVR (livré), soit TCLO (clôturé techniquement) ou les deux.

Ordres incomplets (ECF) : ceux qui ont des coûts imputés et dont le statut système n'est ni LIVR (livré) ni TCLO (clôturé techniquement).

9.3 En-cours de fabrication

Les ordres incomplets (également appelés « ordres ECF ») sont traités à l'aide des transactions suivantes :

▶ KKAO : traitement de masse d'ECF ;

▶ KKAQ : affichage de masse d'ECF ;

▶ KKAX : traitement individuel d'ECF ;

▶ KKAY : affichage individuel d'ECF.

Le chemin de menus est le suivant : GESTION COMPTABLE • CONTROLE DE GESTION • CONTROLE DES COUTS PAR PRODUIT • CALCUL ANALYTIQUE DES SUPPORTS DE COUTS • CONTROLE DES COUTS DE PRODUIT LIES A UN ORDRE • CLOTURE DE PERIODE • FONCTIONS INDIVIDUELLES • ENCOURS DE FABRIC. • TRAITEMENT GROUPE • KKAO – DETERMINER.

La Figure 9.2 montre l'écran de sélection et la Figure 9.3 l'écran de résultat de la transaction de traitement collectif de calcul d'ECF KKAO.

Le processus d'ECF dans SAP ne signifie pas qu'il s'agit d'articles semi-finis !

Nombre d'entreprises appellent les articles semi-finis « articles ECF », ce qui pourrait créer une confusion avec le processus d'ECF dans SAP. Ce sont toutefois deux choses distinctes : le calcul d'ECF (en-cours de fabrication) dans SAP est un processus permettant de reporter le solde d'un ordre incomplet, tandis que l'on appelle parfois « articles ECF » les articles semi-finis.

Le calcul d'ECF n'induit pas d'écriture financière !

La transaction de calcul d'ECF ne sert qu'à calculer le montant à reporter sous forme d'ECF, elle n'induit aucune écriture financière. Une entrée d'ECF est enregistrée lors de l'exécution de l'opération d'imputation.

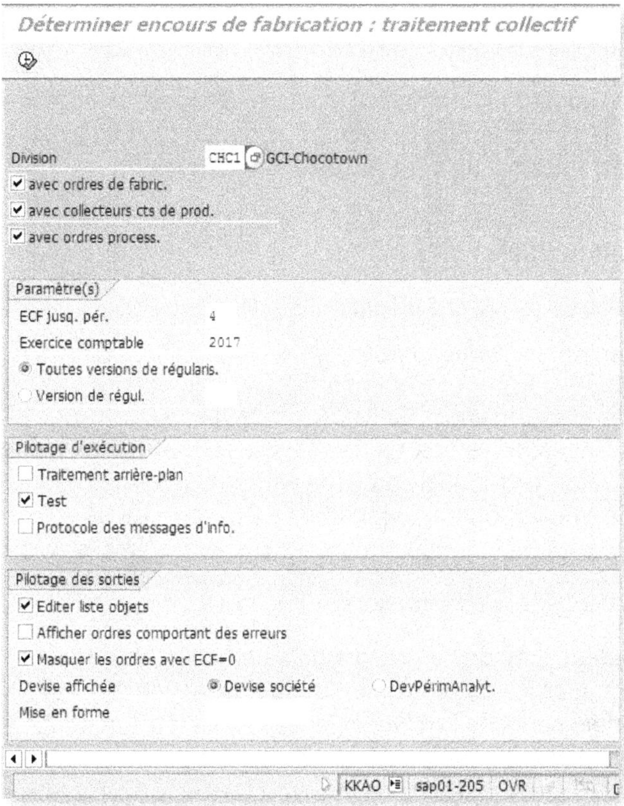

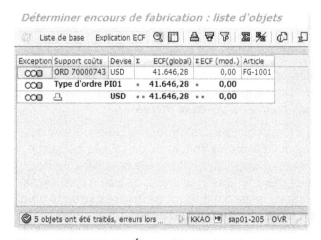

Figure 9.2 : KKAO : Écran de sélection de traitement collectif d'ECF

Figure 9.3 : KKAO : Écran de résultat de traitement collectif d'ECF

9.4 Calcul d'écart

Les ordres clôturés admettent un calcul d'écart. Comme le nom de l'opération l'indique, le système calcule l'écart théorique/réel. Les valeurs théoriques sont tirées du calcul du coût de revient standard.

Les ordres clôturés (présentant le statut LIVR ou TCLO) sont traités à l'aide des transactions suivantes :

- ▶ KKS1 : traitement de masse d'écart ;
- ▶ KKS2 : traitement individuel d'écart.

Le chemin de menus est le suivant : GESTION COMPTABLE • CONTROLE DE GESTION • CONTROLE DES COUTS PAR PRODUIT • CALCUL ANALYTIQUE DES SUPPORTS DE COUTS • CONTROLE DES COUTS DE PRODUIT LIES A UN ORDRE • CLOTURE DE PERIODE • FONCTIONS INDIVIDUELLES • ÉCARTS • KKS1 - TRAI-TEMENT GROUPE.

Plusieurs types de coûts interviennent alors.

- ▶ Coûts budgétés : tirés de l'ordre lors de sa création. Ils tiennent compte de la quantité de production budgétée, se fondent sur les composants sortis de la nomenclature Utilisation 1 et sont modifiés dans l'ordre (si autorisé).

- ▶ Coûts réels : enregistrés lors d'une ou plusieurs sortie(s) de marchandises, confirmation(s) d'une activité ou entrée(s) de marchandises. Il convient de vous mettre en garde quant au terme *coûts réels* : la quantité de composants peut se fonder sur le coût réel ; le coût de revient d'article se fonde lui sur le coût standard des composants, non leur coût réel. De la même ma-nière, si les quantités d'activité peuvent être tirées du barème réel des activités, le coût l'est du barème budgété. Ce n'est que lors de la revalorisation des ordres au moyen du coût réel que les activités sont valorisées sur base du réel.

- ▶ Coûts théoriques : enregistrés lors de l'entrée de marchandises réelle et/ou le calcul d'écart. Ils sont calculés à l'aide du calcul du coût de revient débloqué, proportionnellement à la quantité réelle d'entrée de marchandises (production). Selon comment le système a été conçu un calcul du coût de revient débloqué a pu être configuré avec la nomenclature Utilisation 1 ou Utilisation 6. Aussi, le coût théorique d'un ordre peut être différent de celui repris dans les coûts budgétés.

La Figure 9.4 montre l'écran de sélection et la Figure 9.5 l'écran de résultat de la transaction de traitement collectif du calcul d'écart KKS1.

Détermination des écarts : Ecran initial
Division
CHC1
GCI-Chocotown
avec ordres de fabric.
avec collecteurs cts de p
avec ordres process.
Paramètre(s)
Période
4
Exercice comptable
2017
Ttes versions théor.
000
Versions théoriques sél.
Pilotage d'exécution
Traitement arrière-plan
Test
Liste détaillée
Aucune version théorique ...
KKS1
sap01-205
OVR

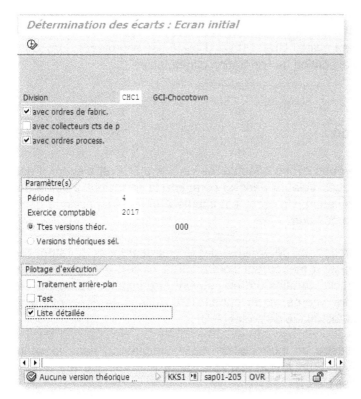

Figure 9.4 : KKS1 : Écran de sélection du calcul d'écart

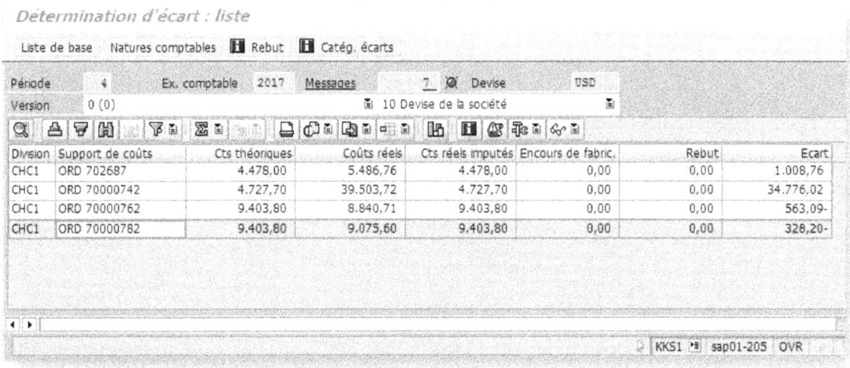

Détermination d'écart : liste
Liste de base
Natures comptables
Rebut
Catég. écarts
Période
4
Ex. comptable
2017
Messages
7
Devise
USD
Version
0 (0)
10 Devise de la société
Division | Support de coûts | Cts théoriques | Coûts réels | Cts réels imputés | Encours de fabric. | Rebut | Ecart
CHC1 | ORD 702687 | 4.478,00 | 5.486,76 | 4.478,00 | 0,00 | 0,00 | 1.008,76
CHC1 | ORD 70000742 | 4.727,70 | 39.503,72 | 4.727,70 | 0,00 | 0,00 | 34.776,02
CHC1 | ORD 70000762 | 9.403,80 | 8.840,71 | 9.403,80 | 0,00 | 0,00 | 563,09-
CHC1 | ORD 70000782 | 9.403,80 | 9.075,60 | 9.403,80 | 0,00 | 0,00 | 328,20-
KKS1
sap01-205
OVR

Figure 9.5 : KKS1 : Écran de résultat du calcul d'écart

> ### Le calcul d'écart n'induit pas d'écriture financière !
>
> La transaction de calcul d'écart ne sert qu'à calculer le montant d'écart à imputer, elle n'induit aucune écriture financière. Une entrée d'écart est enregistrée lors de l'exécution de l'opération d'imputation.

9.5 Imputation

Maintenant que nous avons effectué les calculs d'ECF et d'écart, il est temps d'inscrire ces valeurs dans la comptabilité financière à l'aide du processus d'imputation. Un ordre est imputé à un objet spécifique géré dans la règle d'imputation.

La *règle d'imputation* est déterminée par le type d'ordre et la nature de l'activité/la production menée sur l'ordre. Si la plupart des ordres sont imputés à un article, certains ordres peuvent être imputés au centre de coûts, à un ordre interne, à un compte GL ou encore à un élément d'organigramme technique de projet (OTP).

La Figure 9.6 illustre un exemple de règle d'imputation dans laquelle l'ordre est imputé à un article. La liste déroulante indique les autres types d'objet possibles.

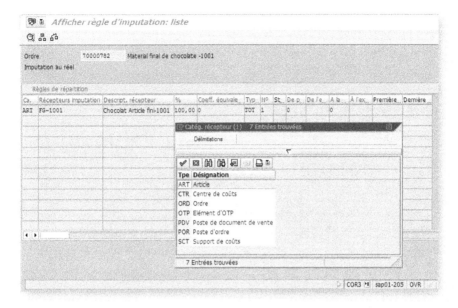

Figure 9.6 : COR3 : Affichage d'une règle d'imputation

L'imputation a lieu à l'aide des transactions suivantes :

▶ CO88 : traitement de masse d'imputation ;

▶ KO88 : traitement individuel d'imputation.

Le chemin de menus est le suivant : GESTION COMPTABLE • CONTROLE DE GESTION • CONTROLE DES COUTS PAR PRODUIT • CALCUL ANALYTIQUE DES SUPPORTS DE COUTS • CONTROLE DES COUTS DE PRODUIT LIES A UN ORDRE • CLOTURE DE PERIODE • FONCTIONS INDIVIDUELLES • IMPUTATION • CO88 - TRAITEMENT GROUPE.

La Figure 9.7 montre l'écran de sélection.

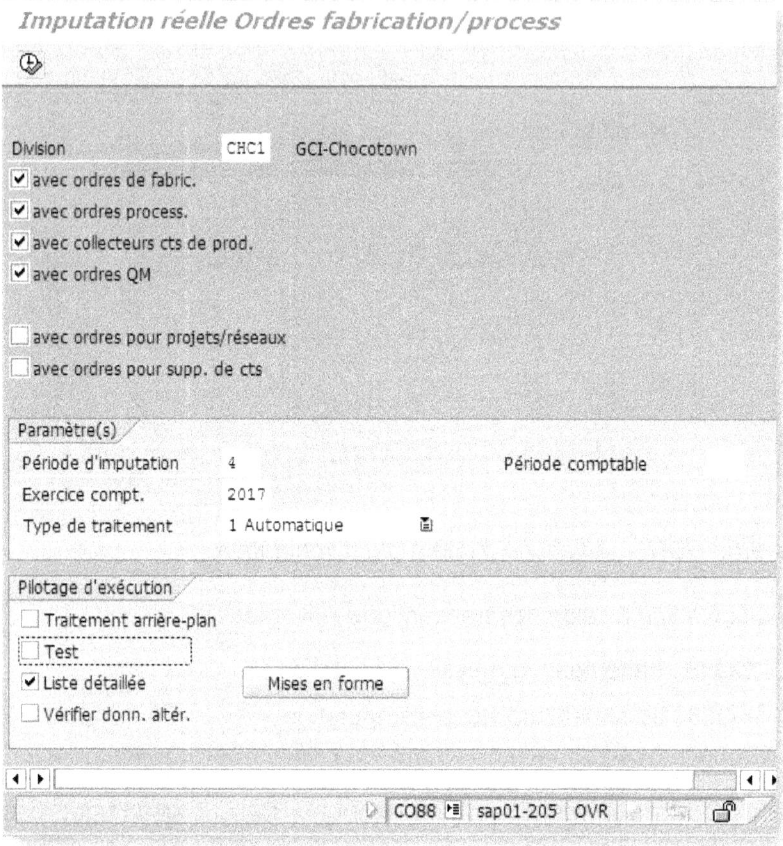

Figure 9.7 : CO88 : Écran de sélection d'imputation.

La Figure 9.8 montre l'écran de résultat de la transaction de traitement collectif d'écriture d'imputation CO88.

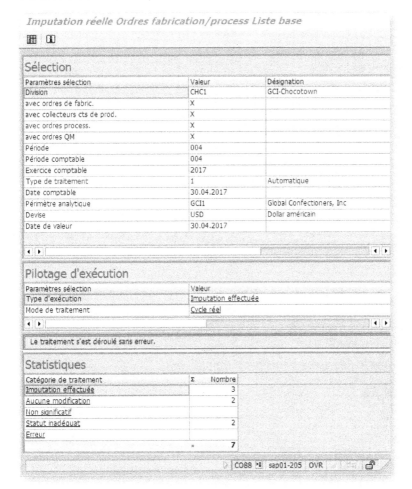

Figure 9.8 : CO88 : Écran de résultat d'imputation

Les Figure 9.9 et Figure 9.10 présentent une pièce comptable FI enregistrée au moment de l'imputation d'un ordre clôturé.

Figure 9.9 : CO88 : Liste détaillée d'imputation

Figure 9.10 : CO88 : Pièce comptable FI d'imputation d'ordre clôturé

156

La Figure 9.11 montre l'affichage des coûts COR3 et une nouvelle écriture d'IMPUTATION sur l'ordre. Le solde de l'ordre est à présent nul.

afficher ordre de process : en-tête - données générales

Ordre	70000782 Material final de chocolate -1001
Type d'ordre	PI01 Ordre de process: numérotation interne
Division	CHC1 BCI-Chocotown
Article	FG-1001 Chocolat Article fini-1001

Quantité budgétée 2.000 KG Kilogramme
Quantité réelle 2.100 KG Kilogramme

Version théorique 0

Données cumulées
Valorisation réelle
Devise société-objet

Opération	Origine	Origine (Texte)	Qté pbudg. globale	Qté théor. glob.	Qté réelle globale	Coûts p-budg. gl.	Cts théoriq.gl.	Total coûts réels	Ecart théor./réel	Devise
Sorties de marchandises	CHC1/RAW-1001	Chocolat matières première-1001	2.000.000	2.100.000	1.900.000	6.000,00	6.300,00	5.700,00	600,00-	USD
Sorties de marchandises			2.000.000	2.100.000	1.900.000	6.000,00	6.300,00	5.700,00		USD
Confirmations	CS1100/LABOR	Chocotown-Machine-M1 / Main-d'œuvre Heur	20,00	21,00	21.667	680,00	772,80	736,68	36,12	USD
	CS1100/MCHRS		30,00	31,50	31.667	2.500,00	2.331,00	2.638,92	307,92	USD
Confirmations			50,00	52,50	53,334	3.180,00	3.103,80	3.375,60		USD
Entrée de marchandises	CHC1/FG-1001	Chocolat Article fini-1001	0	2.100-	2.100-	0,00	9.403,80-	9.403,80-	0,00	USD
Entrée de marchandises			0	2.100-	2.100-	0,00	9.403,80-	9.403,80-		USD
Imputation	(sans origine)					0,00	0,00	328,20	328,20	USD
Imputation						0,00	0,00	328,20		USD
			2.000.000	2.100.000	1.900.000	9.180,00	0,00	0,00		USD
			50,00	52,50	53,334					
			0	2.100-	2.100-					

COR3 sep01-205 OVR

Figure 9.11 : COR3 : Coûts après imputation

Entrée financière d'ECF

L'entrée d'ECF au moment de l'imputation pose une écriture sur les comptes de résultat et de bilan configurés pour reporter les soldes au mois suivant. Cela n'affecte pas l'affichage des coûts de COR3, c'est-à-dire que le montant d'ECF ne se reflète pas sur une ligne séparée dans l'affichage des coûts de COR3.

Ne créez pas de comptes de résultat GL d'écart de production et d'ECF sous la forme de natures comptables !

Du fait d'une exigence technique des ECF et écarts, il ne faut pas créer de comptes de résultat GL d'écart de production et d'en-cours de fabrication sous la forme de natures comptables. Ces valeurs sont transférées de CO à FI ; si elles existent sous la forme de natures comptables, FI essaierait de les réenregistrer dans CO, ce qui provoquerait des doublons !

La Figure 9.12 affiche une pièce comptable inscrite pour un ordre d'ECF.

Sté ^	pos	CC	C	Compte	Désignation	Montant	Devise	Affectation	TV	Ctre
GCI1	1	50		893000	Variat.st.encrs fab.	41.646,28-	USD	70000743		
	2	40		793000	En-cours	41.646,28	USD	70000743		

Dans l'en-tête :

N° pièce : 100000025 — Société : GCI1 — Exercice compt. : 2015
Date pièce : 17.05.2015 — Date comptable : 31.05.2015 — Période : 5
Référence : — N° inter-stés :
Devise : USD — Txt. existants : — Grpe ledgers :

Figure 9.12 : CO88 : Pièce comptable FI d'imputation d'ordre d'ECF

L'entrée d'ECF est inversée lorsqu'un ordre est clôturé

Une fois que l'on appose le statut TCLO/LIVR aux ordres, les valeurs d'ECF seront automatiquement inversées lors de l'imputation de la période suivante. Les ordres ne seront pas toujours clôturés le mois suivant : selon le type d'industrie et la nature du produit et/ou du processus de fabrication, cela peut demander plusieurs mois avant qu'ils ne soient clôturés.

En règle générale, au cours d'un mois donné, un ordre a une écriture d'ECF ou d'écart. Il peut avoir les deux, si un ordre incomplet est clôturé pendant le mois.

9.6 Reporting de calcul analytique des supports de coûts

Outre l'affichage d'ordre individuel (COR3), certaines transactions d'affichage de masse d'ordre peuvent être très utiles afin de gérer des requêtes sur des ordres.

▶ COOIS : Système d'information d'ordre de fabrication ;

▶ COOISPI : Système d'information d'ordre de process ;

▶ COID : Sélectionner des listes détaillées d'objets dans PP-PI.

Le rapport de solde d'ordre S_ALR_87013127 fait partie des rapports offrant un résumé financier des ordres. Il présente plusieurs colonnes. L'option MODIFIER MISE EN FORME peut servir à choisir les zones correspondant aux besoins. La Figure 9.13 présente un exemple des zones-clés qui peuvent être utilisées dans ce rapport.

Le chemin de menus est le suivant : LOGISTIQUE • PRODUCTION • PILOTAGE DE L'ATELIER • SYSTEME D'INFORMATION • RAPPORT CONTROLE DE GESTION • CONTROLE DES COUTS DE PRODUIT LIES A UN ORDRE • LISTE D'OBJETS • SELECTION DES ORDRES

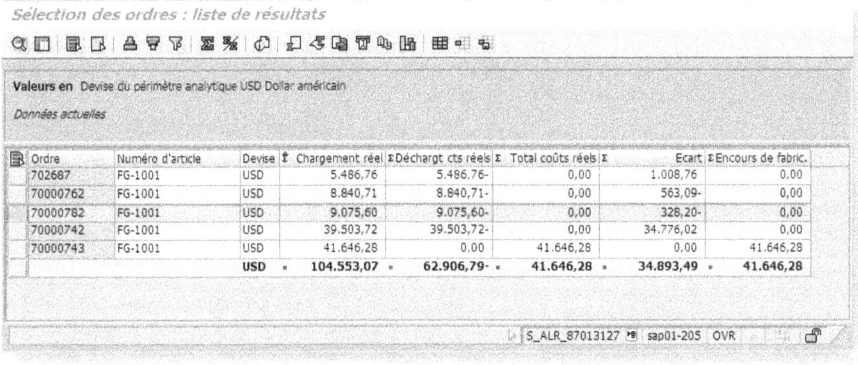

Ordre	Numéro d'article	Devise	Σ Chargement réel	Σ Déchargt cts réels	Σ Total coûts réels Σ	Ecart	Σ Encours de fabric.
702687	FG-1001	USD	5.486,76	5.486,76-	0,00	1.008,76	0,00
70000762	FG-1001	USD	8.840,71	8.840,71-	0,00	563,09-	0,00
70000782	FG-1001	USD	9.075,60	9.075,60-	0,00	328,20-	0,00
70000742	FG-1001	USD	39.503,72	39.503,72-	0,00	34.776,02	0,00
70000743	FG-1001	USD	41.646,28	0,00	41.646,28	0,00	41.646,28
		USD •	104.553,07 •	62.906,79- •	41.646,28 •	34.893,49 •	41.646,28

Figure 9.13 : S ALR 87013127 : Résumé financier d'ordres

La compression d'ordres est une autre option efficace de reporting sur les ordres. Les données sont rassemblées périodiquement et peuvent être examinées à l'aide des opérations de reporting.

10 Le calcul du coût de revient réel et ledger articles dans SAP : c'est donc là que se retrouvent les coûts réels...

« Le coût d'une chose est le montant de ce que j'appellerai la vie requise en échange, immédiatement ou à la longue. »
Henry David Thoreau

Il est essentiel, pour déterminer la véritable rentabilité d'un article, de savoir combien il coûte. Toutefois, la plupart des décisions se fondent sur le coût standard de l'article puisque, très souvent, il n'est pas aisé de connaître le coût réel exact. La fonction de calcul du coût de revient réel fournie par le composant ledger articles de SAP Contrôle de gestion comble ce vide. Elle donne la possibilité d'enregistrer les coûts réels en observant les écarts au niveau de l'article (produit). Ce chapitre présente le calcul du coût de revient (CCR) réel dans le ledger articles SAP.

Un matin, Bertrand entra dans le bureau d'Alex. « Alex, peux-tu m'aider à connaître le coût réel du beurre de cacao pour le mois dernier ? Les Achats m'ont appelé ce matin et m'ont dit que les prix du cacao évoluent sans cesse depuis quelques mois et qu'ils devraient sans doute augmenter. Comme tu le sais, c'est la matière première que nous utilisons le plus pour nos produits. Toute évolution de prix aura donc un impact considérable sur nos coûts. On nous a demandé de comparer nos hypothèses budgétaires à ce que nous avons vraiment payé pour le cacao depuis le début de l'année. Nous allons peut-être devoir redéfinir le coût standard du cacao. Tu veux bien me trouver les quantités de stocks finaux pour que nous puissions estimer la revalorisation prévue ? »

Alex savait où trouver l'hypothèse budgétaire : elle était intégrée au coût standard de l'article, qu'il pouvait retrouver dans la vue Fiche ARTICLE CCR 2. En revanche, il n'était pas certain de savoir comment trouver le coût de revient réel. Il prit en main le manuel et commença à le feuilleter. La section *Ledger articles* répondit à sa question.

« Le ledger articles permet de calculer les coûts réels et de revaloriser les stocks en fonction de ceux-ci », lut Alex. « C'est exactement ce qu'il me faut », se dit-il, avant de poursuivre sa lecture du chapitre avec curiosité.

10.1 Aperçu du ledger articles SAP

La valorisation des stocks du ledger articles de SAP comprend les étapes générales suivantes :

▶ Rassembler des données réelles pendant le mois ;

▶ Déterminer le prix : les prix à un ou plusieurs niveau(x) sont déterminés en fonction du type d'opération menée ;

▶ Calculer le prix de cession périodique à la fin du mois.

Le ledger articles SAP rassemble des données de *mouvement de stock* pendant tout le mois et garde une trace des articles utilisés pour la production de biens spécifiques par le biais des ordres de fabrication/process.

La *détermination du prix à un niveau* calcule les écarts de chaque article, tandis que la *détermination du prix à plusieurs niveaux* utilise une structure multi-niveaux de quantités réelles pour calculer les écarts qui existent à des niveaux plus hauts du processus de fabrication.

Le *prix de cession périodique* recense le coût réel moyen de chaque article, qu'il soit d'origine externe ou fabriqué en interne. Le calcul du prix de cession périodique fait partie du processus de clôture de période pour la détermination d'article à plusieurs niveaux.

En outre, le système calcule une *ventilation des éléments de coût réels*.

Ventilation des éléments de coût réels

Le ledger articles SAP calcule la ventilation des éléments de coût réels pour la main-d'œuvre, l'article, les coûts additionnels, la sous-traitance, etc.

Ces informations permettent de comparer le plus précisément possible le coût standard au réel ou le coût réel inter-périodes.

Le ledger articles SAP donne les détails à des fins analytiques, mais n'explique pas toujours les raisons des écarts

 Si la répercussion des coûts réels du ledger articles SAP ne se substitue pas forcément à l'analyse de la raison et de l'emplacement des écarts de coût, elle fournit des informations détaillées permettant d'examiner de près les écritures qui pourraient être responsables d'importants écarts anormaux/imprévus.

On peut également utiliser le ledger articles afin d'enregistrer les stocks avec différentes devises ou valorisations. Cela peut être fait indépendamment du calcul du coût de revient réel.

Sans ledger articles, les articles ne peuvent être valorisés que dans une devise (devise de la société). Dans le ledger articles, les valeurs de stocks peuvent exister en deux devises supplémentaires (soit trois devises au total). En d'autres termes, le ledger articles permet de mener une valorisation parallèle.

Les montants en devises sont convertis dans les devises étrangères au taux de conversion en vigueur au moment de l'écriture. Pour cela, il faut mettre à jour tous les mouvements de stock dans maximum trois devises/valorisations dans le ledger articles.

Le ledger articles permet d'avoir accès aux coûts dans trois devises/structures différentes :

► Vue légale des différentes entités légales (vue de société) ;

► Vue groupée de l'entreprise dans son ensemble (vue devise de groupe) ;

► Valorisation groupée/de centre de profit servant à plusieurs besoins de reporting, dont l'élimination de bénéfices internes.

163

10.2 Collecte des données réelles pendant le mois

Le module SAP Gestion des articles garde (avec le module FI) une trace des mouvements de stock et de leurs valeurs en fonction du coût standard, tandis que le ledger articles SAP suit les mouvements de stock avec à la fois les coûts standard et réels. Ce dernier peut donc être considéré comme un autre ensemble de livres dans lesquels chaque article est enregistré avec tous les mouvements de stock pour la valorisation réelle.

Toutes les activités de stock pertinentes de SAP sont inscrites dans le ledger articles.

▶ Les mouvements de stock se reflètent dans le ledger articles lors d'opérations de mouvements de stock : par exemple, le code mouvement 101 pour l'entrée de marchandises, 261 pour la sortie de marchandises, 551 pour la mise au rebut, 701 pour les inventaires périodiques, 601 pour les ventes, 201 pour la consommation d'un centre de coûts, etc.

▶ Les écarts sur prix se reflètent quand ils ont lieu : par exemple, l'entrée de marchandises compare le prix standard et le prix à la commande, alors que l'entrée de facture compare le prix à la commande et le prix facturé.

▶ Les écarts de production sont enregistrés au moment de l'imputation d'ordre de process/fabrication.

▶ Les écarts de revalorisation se reflètent au moment des changements standard (au début de l'année ou du mois, par exemple).

La Figure 10.1 montre la transaction CKM3N (analyse de prix d'article). L'article RAW-1001 présente un Stock initial de 9 050 grammes, dont 1 900 grammes ont été consommés pendant le mois (comme le montre la partie Consommation), ce qui laisse un Stock final de 7 150 grammes. De plus, toutes les transactions ont été effectuées avec le Prix standard de 3,00 $ pour 1 000 grammes. Toutefois, une entrée dans la rubrique Chargements/dechargements d'un montant de 9 050,00 $ fait augmenter le coût réel à 4,00 $ pour 1 000 grammes, comme l'indique la partie STOCK CUMULE du rapport. Chaque opération de mouvement de stock se retrouve dans cette transaction. L'utilisateur peut avoir accès à la pièce comptable d'origine réelle, telle une opération de mouvement de stock, une modification de prix ou une imputation.

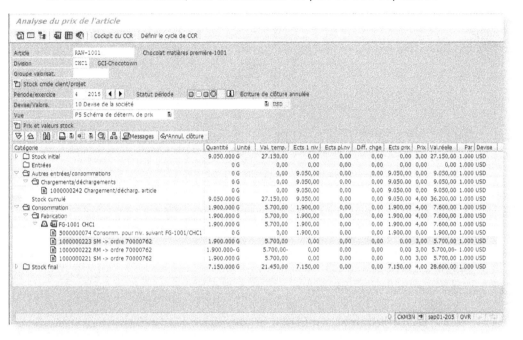

Figure 10.1 : CKM3N : Analyse du prix d'une matière première avant la clôture du ledger articles SAP

Le chemin de menus est le suivant : GESTION COMPTABLE • CONTROLE DE GESTION • CONTROLE DES COUTS PAR PRODUIT • CCR REEL/LEDGER ARTICLES • LEDGER ARTICLES • CKM3 - ANALYSE DU PRIX DE L'ARTICLE.

La Figure 10.2 montre un article fini avec un solde d'ouverture de 1 050 kilogrammes ; 2 100 kilogrammes ont été fabriqués dans le mois. Alex remarqua qu'il y avait des écarts à un niveau (ECTS 1 NIVEAU) sur toutes les lignes, stock initial inclus. Un écart sur prix à un niveau sur le stock initial signifiait que les écarts étaient reportés du mois précédent.

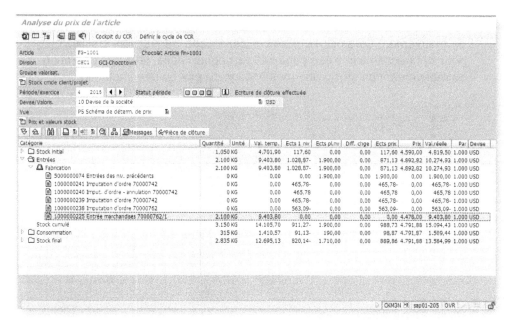

Figure 10.2 : CKM3N : Analyse du prix de l'article fini avant la clôture du ledger articles SAP

10.3 Détermination du prix à un et plusieurs niveau(x)

On utilise la *détermination du prix à un et plusieurs niveau(x)* pour les opérations de fabrication normales, lors desquelles la plupart des articles sont valorisés avec un code prix « S » (prix standard). Pour les articles généralement valorisés avec le code prix « V » (prix moyen pondéré), comme la maintenance, il n'est pas nécessaire de répercuter les écarts sur l'article de niveau suivant. On a alors recours à la *détermination du prix par opération*.

Détermination du prix à un niveau : les prix sont calculés individuellement pour chaque article.

▸ Article acheté = prix standard +/- écart sur prix des achats

▸ Article fabriqué = prix standard +/- écarts d'ordre de process/fabrication

166

Détermination du prix à plusieurs niveaux : les prix sont calculés pour tout le flux de fabrication (comme pour la répercussion de tous les composants ou ingrédients sur un article produit).

▶ Écarts sur prix des ingrédients achetés ;

▶ Écart de production des ingrédients fabriqués.

Détermination du prix par opération : en fait un contrôle de prix moyen pondéré.

▶ On n'utilise pas la routine du ledger articles pour transférer à l'article de niveau supérieur.

Il faut d'abord calculer le prix à un niveau, puis celui à plusieurs niveaux

 Le coût réel d'un article doit être calculé individuellement (un niveau) avant de pouvoir le répercuter dans le coût de l'article fabriqué le consommant (plusieurs niveaux).

10.4   Prix de cession périodique

Le *prix de cession périodique* est tout simplement le coût réel moyen d'un article à une période donnée. Il est calculé à l'aide de la ligne de STOCK CUMULE de l'opération CKM3N.

Prix de cession périodique = (coût standard du stock cumulé +/- écarts du stock cumulé) / stock cumulé.

Comme le montre la Figure 10.3, un coût standard de 3,00 $ a été utilisé pour la sortie de marchandises du mois. Un écart sur prix de 9 050 $ pour la quantité donnée de 9 050 000 grammes (soit un écart de 1,00 $ pour 1 000 grammes) a occasionné un prix de cession périodique de l'article de 4,00 $ pour 1 000 grammes. Pour la consommation donnée de 1 900 grammes, le ledger articles a reporté l'écart de 1 900 $ à l'article de niveau suivant. Par ailleurs, un prix de cession périodique de 4,00 $ pour 1 000 grammes sera utilisé pour la valorisation du stock final de 7 150 grammes à 28 600,00 $.

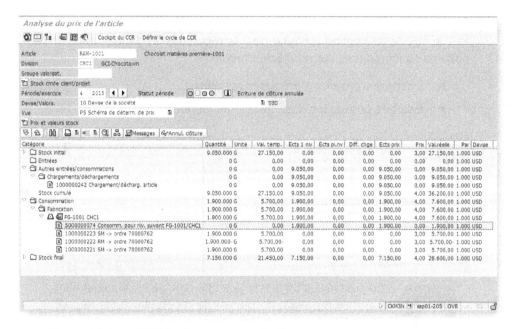

Figure 10.3 : CKM3N : Analyse du prix d'une matière première après la clôture du ledger articles SAP

Observons l'analyse du prix de l'article fini FG-1001 représenté dans la Figure 10.4. Le montant de 1 900 $ a été transféré du niveau inférieur (RAW-1001) sous la forme d'écart sur prix multiniveau. De plus, les écarts de 1 028,87 $ liés à l'imputation d'ordre de process ont été enregistrés comme un écart sur prix à un niveau. À l'échelle du stock cumulé, tous les écarts ont été ajoutés, puis divisés par le stock cumulé, ce qui a donné un prix de cession périodique de 4 791,88 $. Ce prix réel a servi à valoriser le solde de clôture et à reporter la revalorisation de la consommation au centre de coûts.

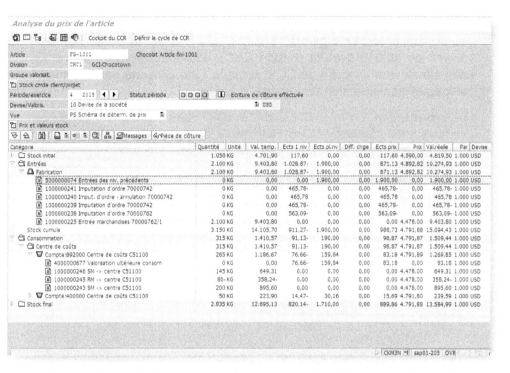

Figure 10.4 : CKM3N : Analyse du prix de l'article fini après la clôture du ledger articles SAP

10.5 Cockpit de clôture du ledger articles de SAP

Le cockpit de clôture du ledger articles SAP est mené chaque mois pour calculer le coût de revient réel à l'aide de la transaction CKMLCP. Le chemin de menus est le suivant : GESTION COMPTABLE • CONTROLE DE GESTION • CONTROLE DES COUTS PAR PRODUIT • CCR REEL/LEDGER ARTICLES • CALCUL DU CR REEL • CKMLCP - TRAITER LE CYCLE DE CALCUL DU COUT DE REVIENT.

169

La première étape est de créer un cycle de CCR et d'y affecter les divisions pertinentes. La Figure 10.5 illustre un cycle de calcul du coût de revient de 4/2015 avec la division CHC1. Plusieurs divisions peuvent être affectées à un cycle de CCR, selon la zone couverte par le ledger articles et les besoins de l'entreprise.

Transparence sur l'ensemble de la chaîne de valeur

 Pour que le ledger articles SAP puisse répartir des écarts multiniveaux (et donc un coût réel) entre différentes divisions, il faut que les divisions impliquées dans des mouvements de stock inter-divisions soient clôturées lors du même cycle de clôture du ledger articles.

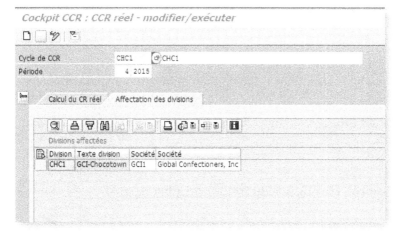

Figure 10.5 : CKMLCP : Sélection d'une division dans le cockpit de clôture du ledger articles

Après avoir choisi la/les division(s), il faut prendre plusieurs mesures. Ces étapes doivent suivre l'ordre présenté dans la Figure 10.6.

1) SÉLECTION : tous les articles des divisions considérées sont sélectionnés.

2) DÉTERMINER LA SÉQUENCE : la séquence de CCR est établie de manière croissante, de l'article du plus bas niveau à l'article et mouvement de stock du plus haut niveau.

3) DÉTERM. PRIX À UN NIVEAU : les prix sont calculés individuellement pour chaque article.

4) DÉTERM. PRIX À PL. NIV. : les prix sont calculés pour tout le flux de fabrication.

5) VALOR. ULTÉRIEURE CONSOMMATION : écriture de correction des coûts réels à la fin du mois, de sorte que tous les écarts sont reportés sur l'objet récepteur (qui peut être un article, un centre de coûts, un ordre interne, un compte GL, etc., selon où la consommation d'origine a eu lieu).

6) ÉCRITURES DE CLÔTURE : tous les calculs effectués plus haut sont inscrits à cette étape.

   ▶ Les écarts sur prix multiniveau sont reportés au niveau supérieur.

   ▶ La revalorisation de la consommation est imputée aux postes supportant les coûts.

   ▶ Les stocks sont revalorisés dans FI pour la période en cours de clôture.

7) REPÉRER PRIX DES ARTICLES : cette étape est facultative. Une entreprise peut faire le choix de ne pas utiliser le prix de cession périodique comme prix standard pour le mois suivant. Il convient alors d'omettre cette étape ; le système utilisera le prix standard des mouvements de stock et ne revalorisera pas au prix de cession périodique avant la fin du mois.

Les étapes de calcul du coût de revient réel peuvent être menées plusieurs fois.

Chaque étape de calcul peut avoir lieu autant de fois que nécessaire. Toutefois, l'étape post-clôture n'est effectuée qu'une seule fois en mode non-test. Il est possible de l'annuler, mais il ne faut le faire qu'en cas d'absolue nécessité.

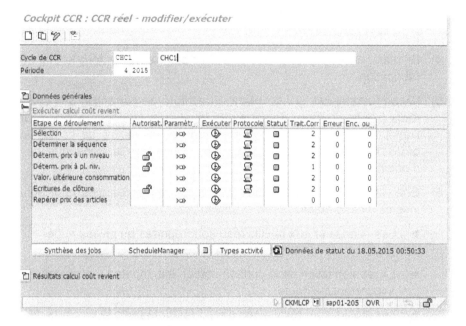

Figure 10.6 : CKMLCP : Étapes de traitement du cockpit de clôture du ledger articles de SAP

10.6 Reporting dans le ledger articles SAP

Outre l'analyse du prix de l'article (CKM3N), quelques autres rapports du ledger articles SAP servent à analyser les données de plusieurs articles à la fois, parmi lesquels :

▶ S_P99_41000062 : Prix et valeurs de stocks ;

▶ S_ALR_87013181 : Prix d'articles et valeurs de stocks sur plusieurs périodes.

Les colonnes de la transaction CKM3N présentent les informations suivantes :

▶ QUANTITE : la quantité dans l'unité de quantité affichée ;

▶ UNITE : l'unité de quantité de base ;

▶ VAL. TEMP. : la valeur standard (quantité multipliée par le coût standard) ;

▶ ÉCTS 1 NIV : le montant d'écart à un niveau ;

► ÉCTS PL.NV : le montant d'écart à plusieurs niveaux ;

► DIFF. CHGE : la différence de change ;

► ÉCTS PRIX : le montant total d'écart ;

► PRIX : le prix article réel par coefficient unité de prix (valeur réelle / quantité) ;

► VAL.REELLE : valeur réelle de l'activité (quantité multipliée par prix de cession périodique) ;

► PAR : le coefficient unité de prix ;

► DEVISE : la devise (interne/de groupe).

Afin d'obtenir le prix réel de l'article cacao, Alex passa en revue les données de CKM3N des mois précédents et fournit à Bertrand les informations relatives au coût réel et au solde de clôture. Il avait à présent de nombreuses données à sa disposition, qui lui seraient utiles à l'occasion d'autres discussions à ce sujet.

11 L'analyse du compte de résultat : Au final, gagnons-nous de l'argent ?

« Une petite faute de frappe s'est glissée dans nos résultats du premier semestre : quand vous voyez 'bénéfice', comprenez 'perte'. »
Un ex-directeur financier

Un matin, Alex franchit le seuil de la salle de réunion et vit Bertrand, le contrôleur de l'usine de Chocotown. Ce dernier avait organisé une réunion au dernier moment à laquelle tout le monde devait être présent : Charles, le directeur de la production, David, le contrôleur de stocks, et Élise, la chef d'équipe d'assistance informatique aux finances.

« La direction du groupe s'intéresse à la rentabilité de la ligne de produits que nous avons lancée le trimestre dernier », commença Bertrand. « Selon eux, le produit n'est pas rentable. »

« Ce n'est pas possible », rétorqua Charles. « Nous avons fabriqué l'article en-deçà du coût standard et tous nos écarts sont favorables. »

« Et nous maîtrisons nos stocks », ajouta David.

« Je comprends », dit Bertrand. « Mais il ne s'agit pas uniquement de coûts. Et puis le niveau des stocks n'a aucun impact sur la rentabilité. »

David semblait perdu. « Je croyais qu'il nous fallait garder le contrôle sur nos stocks pour que nos coûts soient plus faibles ? »

Alex intervint : « C'est juste, mais il n'existe pas de lien direct entre la rentabilité d'un produit et les stocks. Bien sûr, le maintien des stocks a un coût, mais il est plus lié au blocage du fonds de roulement. »

« Alex a raison », acquiesça Élise. « Le stock est un poste du bilan et n'a pas d'impact direct sur la rentabilité du produit. Si le coût de fabrication est contenu dans la plage prévue, le problème doit résider dans le prix de vente. »

« Exactement ! », s'exclama Bertrand. « C'est ce que j'ai dit à la direction : le marketing ne vend peut-être pas le produit à son prix budgété. »

« Alors, ce n'est pas mon problème », dit Charles en soupirant de soulagement.

« Hmm... Ne te réjouis pas si vite », répliqua Bertrand. « L'analyse des ventes du dernier trimestre vient d'arriver. Selon elle, le produit a été vendu au prix budgété et le coût se trouvait dans les prévisions. Mais nous avons perdu de l'argent avec les remises promotionnelles que nous avons accordées lors du lancement du produit. »

« Oh mon dieu », déplora Charles. « Mais que va-t-on faire des trois lignes de production sur huit qui doivent tourner sur ce produit pendant les huit prochaines semaines ? Si tu me demandes de revenir à la fabrication d'anciens produits, je vais avoir besoin d'au moins trois jours d'arrêt. Et justement, nous ne pouvons pas nous le permettre : nous sommes déjà en retard sur les commandes. Ce n'est tout de même pas notre faute si le marketing n'a pas pris en compte le coût de la promotion ! »

« Élise, qu'en penses-tu ? » demanda Bertrand en se tournant vers elle.

Alex était curieux de ce qu'Élise avait à dire. Après tout, elle travaillait dans l'assistance informatique de la gestion financière depuis longtemps déjà et connaissait le fonctionnement du système SAP sur le bout des doigts.

« Alors », commença Élise en se raclant la gorge, « je pense que la direction se fonde sur les données tirées du module d'analyse du compte de résultat. Celui-ci rassemble des données sur les ventes et les coûts, les quantités de produits que nous avons vendues à tel ou tel client, sur tel marché, via tel canal, à tel prix, avec telle remise, etc. Je crois qu'il y a un problème avec les nouveaux produits qui ont été lancés. Le mieux est encore de voir ce que le système peut nous apprendre. Je ne suis pas très calée en vente, mais je peux vous expliquer les flux de données. »

11.1 Aperçu CO-PA

L'analyse du compte de résultat (CO-PA) est un sous-module de SAP Contrôle de gestion permettant à une entreprise d'évaluer les segments de marché, qui peuvent être classés par produit, client, zone géographique, ou toute combinaison de ces facteurs, en ce qui concerne les bénéfices ou la *marge* d'une entreprise (souvent appelée *marge brute*).

CO-PA donne à la direction des informations permettant de mieux gérer la comptabilité interne et de prendre des décisions axées sur le marché.

L'analyse CO-PA analytique rassemble des données à partir des caractéristiques et des composants de valeur. *L'analyse CO-PA comptable* crée des rapports à l'aide de natures comptables et de caractéristiques, sans considérer les composants de valeur. Les natures comptables servent en fait au reporting des catégories de quantité.

Un *objet de résultat* représente un regroupement de plusieurs caractéristiques.

L'analyse CO-PA analytique calcule les bénéfices selon la méthode du coût des ventes, qui compare le coût des ventes au produit. L'objectif premier est de faire correspondre les coûts aux produits, ce qui permet une analyse optimale de la marge.

Cette dernière est obtenue en déduisant les coûts variables des produits des ventes. Ce montant compense les coûts fixes et produit un résultat d'exploitation de l'entreprise.

Les coûts variables varient proportionnellement au niveau des ventes. Ils peuvent comprendre les coûts directs de l'article et de la main-d'œuvre, la part variable des frais généraux de production, les frais de transport et les coûts de commission sur ventes.

Les coûts fixes sont (en majorité) constants dans la plage prévue du niveau des ventes. Ils peuvent inclure les charges d'équipement, certains coûts généraux et administratifs ainsi que les coûts d'intérêts et d'amortissement.

Tous les termes susmentionnés servent à calculer le *seuil de rentabilité* afin d'identifier les objets les plus rentables.

CO-PA et grand livre

CO-PA n'est pas un système de grand livre et ne peut être utilisé pour le reporting externe. Le module utilise des données tirées de différents modules de SAP Contrôle de gestion, dont les ventes et la répartition détaillée. Il offre une vue analytique des ventes et opérations à des fins de reporting interne et pour informer une prise de décision.

11.2 Caractéristiques

Les données de base de CO-PA fournissent les données et contenus fondamentaux dans les structures existantes. Les données de base sont créées lorsque des valeurs individuelles sont affectées aux caractéristiques et composants de valeur. Le regroupement des caractéristiques et valeurs constitue des objets de résultat multidimensionnels, qui forment la base de la valorisation des résultats d'exploitation. Les objets de résultat représentent les segments de marché pertinents d'un point de vue commercial.

Les caractéristiques créées dans le périmètre de résultat représentent les critères qui en découlent pour permettre de ventiler les résultats d'exploitation. SAP offre de nombreuses caractéristiques standard. Si toutefois elles ne remplissent pas les besoins de reporting, il est possible de créer des caractéristiques personnalisées. Les caractéristiques constituent les critères de l'analyse du compte de résultat (CO-PA) qui permettent d'analyser les résultats d'exploitation, d'effectuer la budgétisation des ventes et de calculer la marge budgétée.

Exemple de caractéristiques

Une entreprise souhaite produire un rapport sur la zone géographique, le pays, la région, le canal client et la famille de produits (autrement dit, les caractéristiques).

Pour chaque caractéristique, plusieurs valeurs possibles peuvent être enregistrées : la zone géographique (Amériques, Europe, Asie-Pacifique ou Afrique) ; le pays (États-Unis, Canada, Mexique, Brésil ou Argentine) ; la région (Nord-Est, Mid-Atlantic, Midwest, Sud-Ouest ou Nord-Ouest) ; le canal client (vente directe, distributeur ou filiale) ; etc.

Les caractéristiques sont stockées dans le catalogue de zones et gérées à l'aide de la transaction KEA5, comme l'illustre la Figure 11.1.

Le chemin de menus est le suivant : OUTILS • CUSTOMIZING • IMG • SPRO - TRAITEMENT DE PROJET • CONTROLE DE GESTION • ANALYSE DU COMPTE DE RESULTAT • STRUCTURES • DEFINIR LE PERIMETRE DE RESULTAT • GERER LES CARACTERISTIQUES.

Afficher les caractéristiques : synthèse

Caractér.	Signification	Abréviation	TypD	Long.	Table d'orig.	Zone d'origine
AUGRU	Motif commande	Motif cde	CHAR	3	VBAK	AUGRU
BRSCH	Branche	Branche	CHAR	4	KNA1	BRSCH
BZIRK	Zone distrib.	Zone dis.	CHAR	6	KNVV	BZIRK
CRMCSTY	Nat. cpt. CRM	NatCpt CRM	CHAR	10		
CRMELEM	Elément marketing	Elém.mark.	NUMC	8		
HIE01	HiérarchCliNv01	HiérCliNv1	CHAR	10	PAPARTNER	HIE01
HIE02	HiérarchCliNv02	HiérCliNv2	CHAR	10	PAPARTNER	HIE02
HIE03	HiérarchCliNv03	HiérCliNv3	CHAR	10	PAPARTNER	HIE03
KDGRP	Groupe clients	Grpe clts	CHAR	2	KNVV	KDGRP
KUKLA	Classe clients	Class.clnt	CHAR	2	KNA1	KUKLA
KUNWE	Réceptionnaire	Réception.	CHAR	10	PAPARTNER	KUNWE
LAND1	Pays	Pays	CHAR	3	KNA1	LAND1
MATKL	Grpe marchand.	GrpeMarch.	CHAR	9	MARA	MATKL
MVGR1	Grpe articles 1	Gpe art. 1	CHAR	3	VBAP	MVGR1
PAPH1	HiérProd01-1	HProd01-1	CHAR	5	MVKE	PAPH1
PAPH2	HiérProd01-2	HProd01-2	CHAR	10	MVKE	PAPH2
PAPH3	HiérProd01-3	HProd01-3	CHAR	18	MVKE	PAPH3
PAREG	Pays + région	PaysRégion	CHAR	6	KNA1	PAREG
REGIO	Région	Région	CHAR	3	KNA1	REGIO

Entrée   1 /   39

KEA5   sap01-205   OVR

Figure 11.1 : KAE5 : Gestion des caractéristiques

La *dérivation de caractéristiques* représente une tentative de détermination des valeurs de toutes les caractéristiques CO-PA lors d'une opération commerciale correspondant à une rentabilité donnée. Les valeurs d'une caractéristique reportées automatiquement servent à déterminer d'autres caractéristiques qui en dépendent. Pour ce faire, le système peut avoir accès à des informations contenues dans la pièce d'origine et qui lui sont extérieures.

La Figure 11.2 montre la transaction KEDR permettant de gérer la stratégie de dérivation de caractéristiques.

Le chemin de menus est le suivant : OUTILS • CUSTOMIZING • IMG • SPRO
- TRAITEMENT DE PROJET • CONTROLE DE GESTION • ANALYSE DU COMPTE DE
RESULTAT • STRUCTURES • DONNEES DE BASE • DEFINIR LA DERIVATION DE
CARACTERISTIQUES.

Figure 11.2 : KEDR : Stratégie de dérivation de caractéristiques

La Figure 11.3 affiche la règle de dérivation d'une catégorie produit en fonction de la hiérarchie de produits.

L'*objet de résultat* représente un poste supportant les coûts dans l'analyse du compte de résultat auquel les coûts et produits sont attribués. Il est défini à l'aide d'un regroupement de valeurs de caractéristiques. Le regroupement des valeurs de caractéristiques constitue des objets de résultat multidimensionnels, qui forment la base de la valorisation des résultats d'exploitation. Les objets de résultat représentent les segments de marché pertinents d'un point de vue commercial.

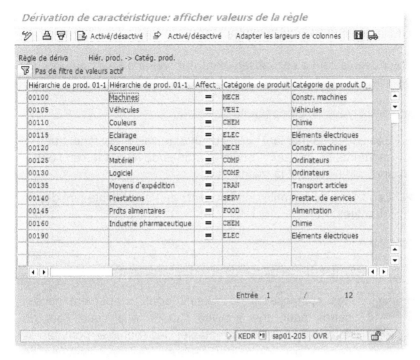

Figure 11.3 : KEDR : Valeur de règle de caractéristique

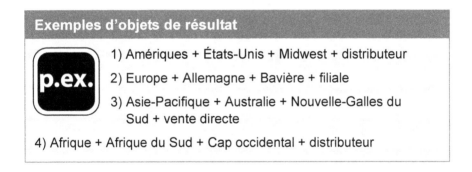

Exemples d'objets de résultat

1) Amériques + États-Unis + Midwest + distributeur

2) Europe + Allemagne + Bavière + filiale

3) Asie-Pacifique + Australie + Nouvelle-Galles du Sud + vente directe

4) Afrique + Afrique du Sud + Cap occidental + distributeur

11.3 Composants de valeur

Dans l'analyse du compte de résultat analytique, les *composants de valeur* constituent le plus haut degré de détail d'analyse des quantités, produits, réductions sur ventes et coûts. L'affectation des produits et

181

coûts dans les composants de valeur peut être définie librement au moment de la configuration du système.

Les composants de valeur rassemblent des valeurs telles que les produits, les réductions sur ventes, les coûts et les quantités.

Il existe deux types de composants de valeur :

▶ Les zones de montant : composants de valeur contenant des montants en devises. Toutes les zones de montant d'un poste individuel utilisent la même devise.

▶ Les zones de quantité : composants de valeur contenant des quantités.

Utilisation des composants de valeur et affectation de natures comptables

 Les composants de valeurs sont uniquement nécessaires pour une analyse CO-PA analytique (lors de l'analyse CO-PA comptable, les natures comptables servent à produire des rapports sur les catégories de quantité).

La conséquence de l'affectation de natures comptables à un composant de valeur peut être que plusieurs natures comptables seront affectées à un composant de valeurs ou, dans le cas de l'imputation, qu'une nature comptable sera divisée entre plusieurs composants de valeur. Il est ainsi crucial de bien comprendre l'affectation afin de pouvoir rapprocher efficacement CO-PA et FI.

La Figure 11.4 montre la transaction KEA6 permettant de gérer des composants de valeur pour un périmètre de résultat donné, avec un code déterminant le type de mise à jour (montant ou quantité).

Le chemin de menus est le suivant : OUTILS • CUSTOMIZING • IMG • SPRO - TRAITEMENT DE PROJET • CONTROLE DE GESTION • ANALYSE DU COMPTE DE RESULTAT • STRUCTURES • DEFINIR LE PERIMETRE DE RESULTAT • GERER LES COMPOSANTS DE VALEUR.

Les composants de valeur peuvent être catégorisés en fonction de comment et quand ils sont définis : les composants prédéfinis (SAP fournissant des composants de valeur standard) ou ceux définis par l'utilisateur, qui commencent par « VV » (définis par l'installation SAP).

Figure 11.4 : KAE6 : Composants de valeur

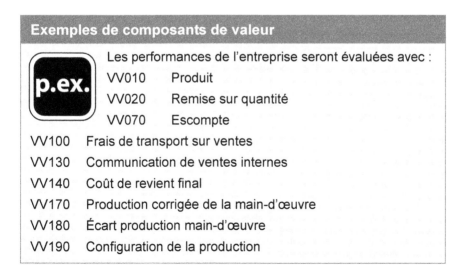

Exemples de composants de valeur

Les performances de l'entreprise seront évaluées avec :

VV010	Produit
VV020	Remise sur quantité
VV070	Escompte
VV100	Frais de transport sur ventes
VV130	Communication de ventes internes
VV140	Coût de revient final
VV170	Production corrigée de la main-d'œuvre
VV180	Écart production main-d'œuvre
VV190	Configuration de la production

Les composants de valeur doivent être créés en fonction du niveau de détail auquel le résultat d'exploitation doit être affiché. Par exemple, chaque coût général est affecté à un composant de valeur pour enregistrer le détail des coûts de production.

En règle générale, les composants de valeurs sont très détaillés pour les données de performance des ventes (les types de produits, de remises, de coûts additionnels, etc.) et sont en revanche résumés pour d'autres postes ayant trait aux coûts de période.

Les postes calculés, à l'instar des ventes nettes et de la marge, ne sont généralement pas créés sous la forme de composants de valeur individuels, mais sont calculés lorsque les rapports sont produits à partir des valeurs de référence enregistrées dans les composants de valeur.

11.4 Flux de valeurs réelles de l'imputation

Les données comptables du module Administration des ventes (SD) constituent normalement la principale source d'information pour l'analyse du compte de résultat.

Lors de l'imputation, le module SD calcule les produits à l'aide d'un mécanisme de détermination du prix, puis les inscrit sur le document de facturation. Les remises sur ventes sont également enregistrées dans le document de facturation, avec le coût de revient final standard.

Le report de produits à partir de SD est configuré à l'aide de la transaction KE4I qui affecte des conditions aux composants de valeur.

La Figure 11.5 présente la transaction KECM (CO-PA : moniteur de customizing) avec laquelle les conditions prix PR02, VA00 et VA01 sont affectées au composant VV010 (produits), tandis que les conditions K004, K020 et K029 sont affectées à VV040 (remise sur article).

Le chemin de menus est le suivant : OUTILS • CUSTOMIZING • IMG • SPRO - TRAITEMENT DE PROJET • CONTROLE DE GESTION • ANALYSE DU COMPTE DE RESULTAT • OUTILS • ANALYSE • VERIFIER LES OPTIONS DE CUSTOMIZING.

Condition	Texte - Condition	Composant	Texte	+/-	C..	St..	Clé cpte	Provision
PN00	Prix net	VV010	Produits				ERL	
PR02	Intervalle de prix						ERL	
VA00	Variantes						ERL	
KP00	Remise palette	VV020	Remise/quantités				ERS	
KP01	MajorPaletteIncompl.						ERS	
KP02	RemisPaletteCumulPos						ERS	
KP03	Maj/paletteCumulPos.						ERS	
K007	Remise client	VV030	Remise client				ERS	
RA00	Réduction en %						ERS	
K004	Article	VV040	Remise sur matières				ERS	
K020	Groupe de prix						ERS	
K029	Groupe d'articles						ERS	
AMIZ	Major.valeur minim.	VV060	Remises diverses				ERL	
HA00	Remise en %						ERS	
HB00	Remise absolue						ERS	
HI01	Hiérarchie						ERS	
K005	Client/Article						ERS	
K030	Client/grpe articles						ERS	
K031	Grpe prix/Grpe art.						ERS	
KA00	Promotion						ERS	
SKTO	Escompte	VV070	Escompte de caisse	X				

Figure 11.5 : KECM : Conditions SD affectées aux composants de valeur

Lorsqu'une facture de vente est générée, le système reporte du document de facturation au poste CO-PA toutes les caractéristiques définies dans l'analyse du compte de résultat, ainsi que les numéros de client et de produit. Il effectue également une dérivation de caractéristiques pour les composants dont la logique de dérivation a été définie.

Si le système décèle une erreur (dans la dérivation de caractéristiques, par exemple) lors de l'écriture de données de facturation dans FI ou CO-PA, il enregistre tout de même le document de facturation dans SD, mais ne met ni FI ni CO-PA à jour. Les documents présentant des erreurs de facturation sont enregistrés à l'aide de la transaction VFX3 (lancement comptabilité des documents de facturation). Ces erreurs doivent faire l'objet d'une correction, et le document de facturation doit être enregistré dans FI et CO-PA avec VALIDATION COMPTABILITE FINANCIERE. Cette fonction génère le document FI ainsi que le poste dans CO-PA.

Concordance entre le coût de revient final et le produit

 Les erreurs de facturation enregistrées lors de la transaction VFX3 (lancement comptabilité des documents de facturation) doivent être surveillées périodiquement (au moins à la fin de la période) afin que FI et CO-PA soient rapprochés en ce qui concerne la concordance entre coût et produit.

Lors de l'enregistrement des données du document de facturation, la fonction de transfert en ligne reporte directement les valeurs à l'analyse du compte de résultat.

La valorisation sur base des calculs de coût de revient d'article détermine le coût des ventes lorsqu'une opération de vente est enregistrée dans CO-PA. Les quantités de produits vendus sont multipliées par les coûts de production standard, les coûts généraux fixes et variables du coût de production étant incorporés à la marge, de manière détaillée.

La valorisation du CCR s'effectue par un calcul, en ligne et en temps réel grâce à la stratégie de valorisation (processus de CCR de produits), au moment où le document de facturation est envoyé à FI.

La Figure 11.6 montre les caractéristiques enregistrées pour un document CO-PA généré au moment de la facturation, tandis que la Figure 11.7 présente les composants de valeurs enregistrés dans CO-PA.

Le chemin de menus est le suivant : GESTION COMPTABLE • CONTROLE DE GESTION • ANALYSE DU COMPTE DE RESULTAT • ÉCRITURES REELLES • AFFICHER POSTES INDIVIDUELS.

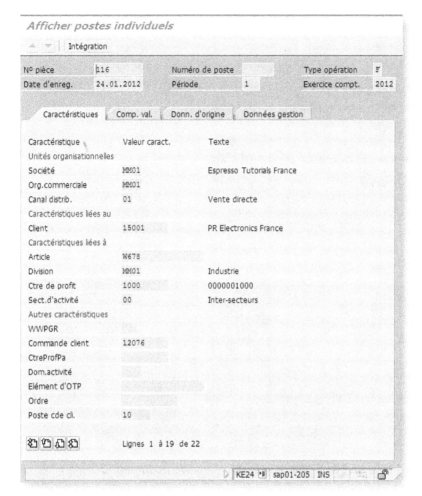

Figure 11.6 : KE24 : Caractéristiques de document CO-PA

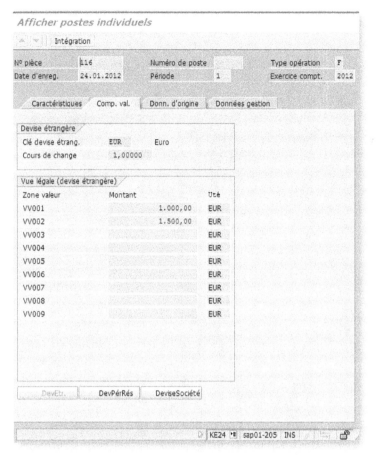

Figure 11.7 : KE24 : Composants de valeur de document CO-PA

11.5 Flux de valeurs réelles de FI et CO

Les données peuvent être transmises de FI à CO-PA au moyen d'une écriture manuelle au journal ou de certaines écritures automatiques de MM, telles que les écarts d'inventaire, les revalorisations d'article, etc.

CO-PA offre la possibilité d'affecter des coûts fixes et des surcoûts de la production à des objets de résultat. La surabsorption/sous-absorption restante pour les centres de production est transférée périodiquement à CO-PA par *répartitions globales*. En outre, les coûts peuvent également être transférés des centres administratifs à CO-PA.

Le *schéma de compte de résultat* permet d'affecter ce genre de coûts à des composants de valeur. La transaction KEI1 sert à affecter de telles natures comptables (ou groupe de natures comptables) à un composant de valeur en particulier.

La Figure 11.8 montre la transaction KECM (CO-PA : moniteur de customizing) qui affecte plusieurs natures comptables (listées ci-après) au composant de valeur VV365 (écarts sur prix).

231520 : Perte d'écart sur prix de niveaux inférieurs

232500 : Perte de revalorisation d'articles propres

281520 : Gain d'écart sur prix de niveaux inférieurs

282500 : Gain de revalorisation d'articles propres

Les montants réels affectés à ces quatre natures comptables seront regroupés dans un composant de valeur : VV365.

Analyse comp. de valeur : détail

Composa...	Texte	CCTS	Schéma rés	Affectat.	Texte	Nat.cpt.	Texte - De nat.cpt.
VV365	Ecarts sur prix	1000	FI	040	Variation stock	231520	Charges diff. prix des niv. préc. int.
						232500	Frais revalor. produit fabrication int.
						281520	Prod. diff. prix des niv. préc. - int.
						282500	Produit de la reval. de prod. internes

Figure 11.8 : KECM : Schéma du compte de résultat avec plusieurs natures comptables affectées à un composant de valeur

11.6 Flux de valeurs réelles lors de l'imputation

Les écarts de production des postes supportant les coûts sont transférés à CO-PA lors de l'imputation des ordres de process/fabrication ; ils sont transmis pour afficher les catégories individuelles d'écart de CO-PA.

Le système permet d'affecter une nature comptable à différents composants de valeur selon le type de catégorie d'écart. Comme l'illustre la Figure 11.9, différents composants de valeur (VV290, VV300, VV320, VV330, VV340, VV350 et VV360) sont affectés à une seule nature comptable (400000 : consommation de matières premières) en fonction du type de catégorie d'écart (PRIV, QTYV, LSFV, RSUV, INPV, SCRP, OPPV et REMV).

Toutefois, s'il n'est pas nécessaire de ventiler les écarts avec autant de détail, ils peuvent être affectés à un unique composant de valeur : le écarts de production.

Analyse comp. de valeur : détail

Composant	Texte - Zone valeur	CCTS	Schéma rés.	Affectat.	Texte - Affectation	Nat.cpt.	Texte - De nat.cpt.	Cat.div.	Texte - Catég.diverg
VV290	Ecarts sur prix	1000	C1	020	Ecart sur prix	400000	Cons. matières prem. 1	ECCU	Ecart sur coût unitaire
VV300	Ecart qté mat. util.	1000	C1	030	Ecart de quantité articles		Cons. matières prem. 1	ECQU	Ecart sur quantités utilisées
VV320	Ecart sur taille lot	1000	C1	060	Ecart sur taille de lot		Cons. matières prem. 1	ECCF	Ecart sur taille de lot/coûts
VV330	Ecart sur structure	1000	C1	040	Ecart sur structure		Cons. matières prem. 1	ECST	Ecart sur structure
VV340	Ecarts d'input	1000	C1	050	Ecart sur input		Cons. matières prem. 1	ECRE	Ecart résiduel sur entrées
VV350	Rebut	1000	C1	010	Rebut		Cons. matières prem. 1	REBT	Rebut
VV360	Autres écarts	1000	C1	065	Ecart sur prix de cession		Cons. matières prem. 1	ECPC	Ecart sur prix de cession
VV360	Autres écarts	1000	C1	070	Ecart résiduel		Cons. matières prem. 1	ECTR	Ecart résiduel
VV290	Ecarts sur prix	1000	C1	020	Ecart sur prix	400001	Rebut matières externes	ECCU	Ecart sur coût unitaire
VV320	Ecart sur taille lot	1000	C1	060	Ecart sur taille de lot		Rebut matières externes	ECCF	Ecart sur taille de lot/coûts
VV330	Ecart sur structure	1000	C1	040	Ecart sur structure		Rebut matières externes	ECST	Ecart sur structure
VV340	Ecarts d'input	1000	C1	050	Ecart sur input		Rebut matières externes	ECRE	Ecart résiduel sur entrées
VV350	Rebut	1000	C1	010	Rebut		Rebut matières externes	REBT	Rebut
VV360	Autres écarts	1000	C1	065	Ecart sur prix de cession		Rebut matières externes	ECPC	Ecart sur prix de cession
VV360	Autres écarts	1000	C1	070	Ecart résiduel		Rebut matières externes	ECTR	Ecart résiduel
VV290	Ecarts sur prix	1000	C1	020	Ecart sur prix	400002	Consomm. contr. qualité ext.	ECCU	Ecart sur coût unitaire
VV300	Ecart qté mat. util.	1000	C1	030	Ecart de quantité articles		Consomm. contr. qualité Mat. ext.	ECQU	Ecart sur quantités utilisées
VV320	Ecart sur taille lot	1000	C1	060	Ecart sur taille de lot		Consomm. contr. qualité Mat. ext.	ECCF	Ecart sur taille de lot/coûts
VV330	Ecart sur structure	1000	C1	040	Ecart sur structure		Consomm. contr. qualité Mat. ext.	ECST	Ecart sur structure
VV340	Ecarts d'input	1000	C1	050	Ecart sur input		Consomm. contr. qualité Mat. ext.	ECRE	Ecart résiduel sur entrées
VV350	Rebut	1000	C1	010	Rebut		Consomm. contr. qualité Mat. ext.	REBT	Rebut
VV360	Autres écarts	1000	C1	065	Ecart sur prix de cession		Consomm. contr. qualité Mat. ext.	ECPC	Ecart sur prix de cession
VV360	Autres écarts	1000	C1	070	Ecart résiduel		Consomm. contr. qualité Mat. ext.	ECTR	Ecart résiduel

Figure 11.9 : KECM : Schéma du compte de résultat avec catégories d'écarts présentant une nature comptable affectée à plusieurs composants de valeur

11.7   Conclusion

CO-PA permet le transfert de données et la valorisation de documents de vente et de pièces de FI/MM pour les dimensions de marché pertinentes.

De plus, le module fournit toute une série de transactions d'imputation permettant l'application de frais généraux aux produits, clients et divisions qui les ont engagés.

« Ce que nous avons vu jusque-là », résuma Élise, « c'est que CO-PA est un outil très efficace pour qui veut savoir si l'on gagne de l'argent. La direction du groupe possède les informations sur le chiffre d'affaires brut, les remises promotionnelles, les retours sur investissement, le coût de revient final et les coûts fixes. Elle a analysé ces données pour notre nouvelle ligne de produits. Même si les ventes et les coûts correspondent à ce qui avait été prévu, les remises semblent poser problème. »

« Et les coûts fixes alors ? » demanda Charles. « Ils sont identiques à l'année dernière : nous n'avons ajouté aucune capacité pour fabriquer cette nouvelle ligne de produits, puisque nous avons simplement converti trois lignes de l'ancienne ligne de produits. »

« Tu as raison », dit Alex. « Les coûts fixes sont en grande partie fixes. Serait-il possible que les remises promotionnelles soient de nature temporaire et que la ligne soit rentable si nous les retirions ? Peut-être que nos volumes étaient faibles parce que nous venons de lancer la ligne ; peut-être verrons-nous une légère hausse dans les prochains mois, non ? »

« Tu m'impressionnes Alex, je n'y avais pas du tout pensé ! » s'exclama Bertrand. « Je me souviens que la direction m'avait dit qu'elle vérifiait la durée de la promotion auprès du marketing. On m'a dit qu'elle avait sollicité des autorisations et financements particuliers pour cette promotion, donc je crois qu'elle est temporaire, en effet. Je vais leur demander où cela en est. Pendant que je passe quelques coups de fil dans mon bureau, Alex et Élise, vous pourriez passer en revue les données de la semaine dernière ? Les promotions ont peut-être déjà diminué... Il est possible que la direction ait seulement considéré le dernier mois complet dans le système et non les données les plus récentes. Comme tout est fait en temps réel, nous devrions pouvoir le vérifier rapidement. »

Alex et Élise se penchèrent donc sur les données relatives à la semaine précédente et, en effet, les promotions n'apparaissaient plus sur les documents de facturation ni les pièces CO-PA. Les conversations que Bertrand mena avec la direction et le marketing lui apprirent la même chose. De plus, le marketing l'informa que la nouvelle gamme de produits avait été bien reçue sur le marché et que les volumes allaient probablement augmenter dans les mois à venir. Finalement, cette nouvelle gamme de produits était rentable et les chiffres étaient faussés par une remise à court terme et de faibles volumes.

« Excellent travail, bravo à tous », s'extasia Bertrand, qui avait retrouvé le sourire. « Grâce aux détails repris dans le système, nous avons pu réfléchir tous ensemble et analyser ce qui se passait. Charles, j'ai bien l'impression que tu es coincé avec ces trois lignes de production, non pas pour huit semaines, mais plutôt vingt ! Ça se fête, je vous invite au restaurant ! » Bertrand les remercia ; tout le monde était satisfait du résultat de cette longue réunion.

12 « Les chiffres devraient être égaux ! » : le rêve de tout contrôleur de gestion...

« Seuls les comptables peuvent sauver le monde, par la paix, la bonne volonté et des rapprochements. »
The alternative accountant

« Alex ! J'ai besoin de ton aide ! » Visiblement inquiet, David, le contrôleur des stocks de l'usine Chocotown, entra en hâte dans le bureau d'Alex un après-midi. « J'ai reçu un mail du chef de chaîne d'approvisionnement au siège qui dit que les valeurs de stocks du mois dernier sont fausses. Pourtant, il me semble que les valeurs que j'ai envoyées sont les bonnes et que je les ai obtenues avec la méthode que nous utilisons depuis des mois. Je ne comprends pas où est le problème ! »

« Peut-être est-ce la manière dont il considère ces valeurs qui est fausse », rétorqua Alex. « Bertrand et moi les avons passées en revue dans notre rapport mensuel. Allons demander à Élise si elle peut nous aider. Cela tombe bien, je voulais lui poser quelques questions sur l'intégration MM-FI. »

12.1 MB5L : Liste de valeurs de stocks

« J'ai déjà vu ce cas de figure », se souvint Élise. « Nous avons eu le même problème il y a quelques mois. Je pense que nos collègues du siège utilisent probablement MB5L avec les mauvais paramètres de sélection. »

« MB5L ? Jamais entendu parler de cette transaction », dit David.

« Moi non plus », concéda Alex.

« OK, procédons par étapes », commença Élise. « David, qu'utilises-tu pour avoir accès à ton stock actuel ? »

12.2 MMBE : Synthèse des stocks

« J'utilise MMBE pour un seul article et MB52 pour plusieurs articles, voire toute la division », répondit David. « Je vais te montrer. »

David ouvrit son ordinateur portable et montra les deux transactions à ses deux collègues.

La Figure 12.1 montre l'écran de SYNTHESE DES STOCKS MMBE pour un article individuel.

Le chemin de menus est le suivant : LOGISTIQUE • GESTION DES ARTICLES • GESTION DES STOCKS • ENVIRONNEMENT • STOCKS • SYNTHESE DES STOCKS.

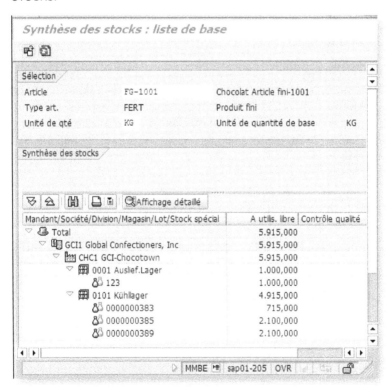

Figure 12.1 : MMBE : Aperçu des stocks d'un article individuel

12.3   MB52 : Stocks magasin de l'article

« Et ça, c'est MB52, la transaction que j'utilise pour tous mes articles. J'ai même personnalisé la mise en page pour ne voir que les colonnes que j'utilise le plus. »

David afficha avec fierté l'écran de sélection MB52 qu'il connaissait si bien (voir Figure 12.2).

Le chemin de menus est le suivant : LOGISTIQUE • GESTION DES ARTICLES • GESTION DES STOCKS • ENVIRONNEMENT • STOCKS • STOCK MAGASIN.

Figure 12.2 : MB52 : Aperçu des stocks de plusieurs articles (sélection)

David cliqua sur le bouton EXECUTER en haut à gauche, ce qui afficha un beau rapport montrant les niveaux actuels des stocks pour chaque article, avec les numéros de lot. L'écran présentait même le montant des stocks en magasin. La Figure 12.3 montre l'écran d'édition MB52.

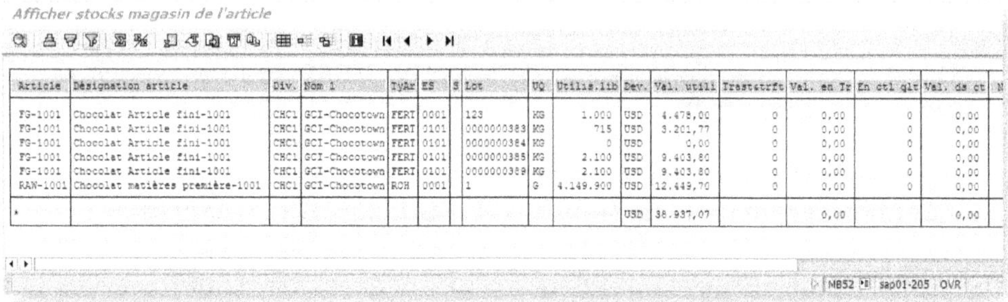
Afficher stocks magasin de l'article

Article	Désignation article	Div.	Nom 1	TyAr	ES	S	Lot	UQ	Utilis.lib	Dev.	Val. utili	Trststrft	Val. en Tr	En ctl qlt	Val. ds ct	N
FG-1001	Chocolat Article fini-1001	CHC1	GCI-Chocotown	FERT	0001		123	KG	1.000	USD	4.478,00	0	0,00	0	0,00	
FG-1001	Chocolat Article fini-1001	CHC1	GCI-Chocotown	FERT	0101		0000000383	KG	715	USD	3.201,77	0	0,00	0	0,00	
FG-1001	Chocolat Article fini-1001	CHC1	GCI-Chocotown	FERT	0101		0000000384	KG	0	USD	0,00	0	0,00	0	0,00	
FG-1001	Chocolat Article fini-1001	CHC1	GCI-Chocotown	FERT	0101		0000000385	KG	2.100	USD	9.403,80	0	0,00	0	0,00	
FG-1001	Chocolat Article fini-1001	CHC1	GCI-Chocotown	FERT	0101		0000000389	KG	2.100	USD	9.403,80	0	0,00	0	0,00	
RAW-1001	Chocolat matières première-1001	CHC1	GCI-Chocotown	ROH	0001		1	G	4.149.900	USD	12.449,70	0	0,00	0	0,00	
*										USD	38.937,07		0,00		0,00	

Figure 12.3 : MB52 : Aperçu des stocks de plusieurs articles (édition)

En sa qualité de contrôleur des stocks de l'usine GCI Chocotown, David était chargé de garder à l'œil les niveaux de stocks et de s'assurer que les stocks de matières premières étaient à leur niveau optimal. Un stock trop important bloquerait trop de fonds de roulement, un stock trop faible provoquerait des interruptions dans la fabrication. De plus, ces deux dernières années, il s'était vu confier la responsabilité supplémentaire de gérer les stocks des biens finis. David aimait ce nouveau rôle ; tout ce qui entrait ou sortait de la division passait d'abord par son équipe. Il était fier de la contribution que son équipe apportait aux activités de l'usine. Chaque envoi qui partait en livraison à un client donnait à David et son équipe le sentiment d'avoir accompli quelque chose.

« Parfait ! », dit Élise. « Et je ne t'apprends rien en te disant que ce sont les stocks en temps réel, c'est-à-dire ceux que nous avons en ce moment, n'est-ce pas ? » Elle essayait de mettre David sur la piste de ce qui devait s'être passé au siège.

« Bien sûr que non. Ce sont les stocks que j'ai maintenant, à l'heure où nous parlons. Grâce à ces deux transactions, je peux connaître mes niveaux de stocks à tout moment. »

12.4   MB51 : Liste de documents article

« Bien. Alors peux-tu me dire l'état des stocks au dernier jour de la dernière période ? » demanda Élise.

« Eh bien je peux te donner la valeur qui est ici : il n'y a pas eu de mouvement depuis ! » répondit David. « Blague à part, comme vous le savez, l'usine tourne sept jours sur sept et il y a des mouvements de stock en permanence, les niveaux de stocks évoluent donc sans cesse ! Ce que je peux faire, c'est obtenir le niveau de stocks par MB52, revenir sur toutes les opérations qui ont eu lieu depuis le début du mois avec MB51 et te donner les stocks en date du dernier jour du mois précédent. »

Le chemin de menus est le suivant : LOGISTIQUE • GESTION DES ARTICLES • GESTION DES STOCKS • ENVIRONNEMENT • AFFICHER LISTES • DOCUMENTS ARTICLE.

« Excellente idée, David », l'encouragea Élise. « La liste de documents article MB51 indique tous les mouvements sur un intervalle et on peut ajuster MB52 pour avoir la réponse, mais je pense que ce ne sera pas nécessaire. Je vais te montrer une autre manière d'y parvenir. »

Élise montra à Alex et David un écran sur son ordinateur.

« MB5L est le rapport de grand livre pour MB52. Nos collègues du siège utilisent ce rapport pour mettre en miroir les valeurs de stocks de la gestion des articles aux valeurs de stocks du grand livre. Voici l'écran de sélection. »

Élise montra la Figure 12.4 à ses deux collègues. « Regardez bien le bouton de sélection de période. J'ai choisi PERIODE EN CRS pour le rapport. »

Le chemin de menus est le suivant : LOGISTIQUE • GESTION DES ARTICLES • GESTION DES STOCKS • TRAITEMENT PERIODIQUE • LISTE DES VALEURS EN STOCK.

Figure 12.4 : MB5L : Aperçu des stocks du module Comptabilité financière (sélection)

Élise publia le rapport pour arriver à l'édition sur l'écran suivant (voir Figure 12.5). « Comme vous le voyez ici, la valeur de stock de la période en cours dans MB5L sera liée au numéro rapporté dans MB52. »

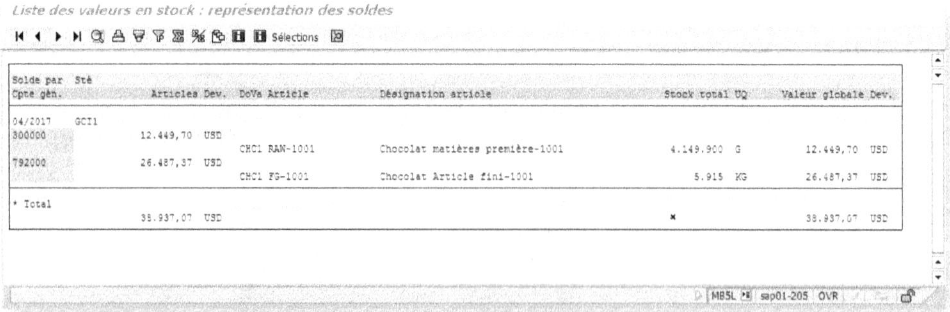

Figure 12.5 : MB5L : Aperçu des stocks dans le module Comptabilité financière pour la période en cours (édition)

« Et c'est le cas ! » s'exclama David. « Par contre, je ne vois pas le numéro du lot ni le magasin ici. Donc je crois que je préfère ma bonne vieille MB52, qui montre à la fois le magasin et le numéro du lot. »

« Tu as entièrement raison. MB5L n'est pas aussi détaillée que MB52 et je crois que tu devrais continuer à utiliser MB52 dans ton travail », répondit Élise.

« Moi, j'ai l'impression que MB5L est un rapport d'inventaire de comptable », dit Alex. « De plus, nous voyons aussi le solde de stock par compte GL, ce que signifie que cette information est disponible en temps réel. »

« Mais alors, comment expliques-tu mon problème avec le siège ? » s'enquit David.

« Voyons voir », dit Élise, réfléchissant à haute voix. « Je vais vous montrer ce qui se passe sur MB5L si je l'effectue pour la période précédente. »

Elle revint à l'écran de sélection MB5L, sélectionna PERIODE PRECEDENTE, puis publia à nouveau le rapport (voir Figure 12.6). « Vous allez voir, les matières premières vont rester identiques. En revanche, il y a une différence sur les articles finis. » Élise montra du doigt l'article FG-1001.

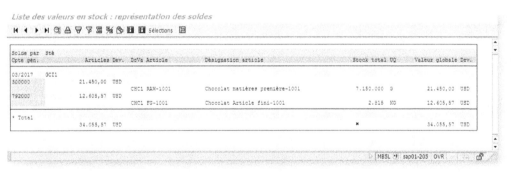

Figure 12.6 : MB5L : Aperçu des stocks dans le module Comptabilité financière pour la période précédente (édition)

« David, tu veux bien effectuer MB51 et voir les mouvements qui ont eu lieu pour FG-1001 depuis le début du mois ? » lui demanda-t-elle.

199

« Oui, voilà : nous avons produit environ 3 100 kg. Nous n'avons encore rien vendu ce mois-ci. Puisque mon stock actuel est de 5 915 kg, je dirais que nous avions un stock de 2 815 kg à la fin du mois dernier », expliqua David.

« Exactement. Maintenant, regarde ce que MB5L affiche pour la période précédente : 2 815 kg ! » s'exclama Élise avec un grand sourire.

« Génial ! » répondit David. « Mais est-ce que je dois utiliser MB52 et MB51 pour tous les articles ? »

« Non, j'ai une autre transaction pour ça », dit Élise. « Essaie MB5B jusqu'au dernier jour du mois. Faisons-le ensemble. » Elle passa à MB5B dans son système.

12.5   MB5B : Inventaire à la date comptable

« Comme vous allez le voir sur la sélection d'origine, MB5B est effectuée pour un certain intervalle. Puisque tu veux connaître l'état des stocks à la fin du mois dernier, tu devrais la lancer du début à la fin du mois dernier. Pour te montrer, je vais l'effectuer pour le début de l'année. »

La Figure 12.7 montre la sélection d'origine de MB5B.

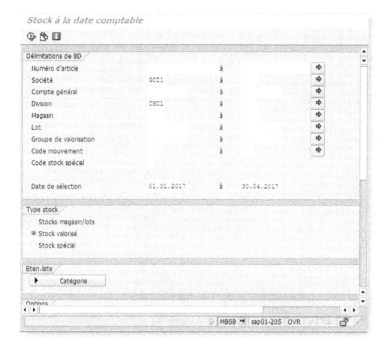

Figure 12.7 : MB5B : Stocks à une date comptable (sélection)

Le chemin de menus est le suivant : LOGISTIQUE • GESTION DES ARTICLES • GESTION DES STOCKS • ENVIRONNEMENT • STOCKS • STOCK POUR DATE CPT.

« Maintenant que j'ai lancé ce rapport, poursuivit-elle, le système va avancer à partir de la date de départ et considérer tous les mouvements qui ont eu lieu afin de nous donner la quantité et la valeur des stocks à la date comptable donnée. »

« Oh, donc elle fonctionne en avançant, contrairement à ma démarche avec MB52 et MB51, qui est plutôt un calcul en arrière », dit David.

« C'est tout à fait ça ! » lui répondit Élise. « Comme tu le verras dans l'édition de MB5B (voir Figure 12.8), le système nous montre l'inventaire d'ouverture, les entrées, les sorties et l'inventaire de clôture. Et voilà, nous retrouvons nos 2 815 kg de FG-1001 ! »

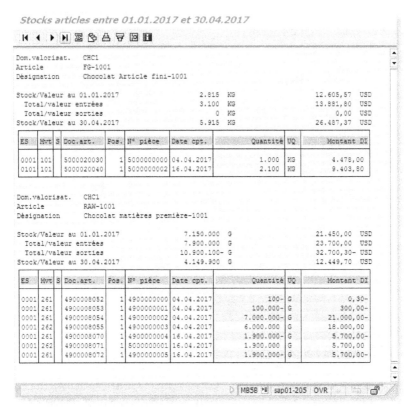

Figure 12.8 : MB5B : Stocks à une date comptable (édition)

« C'est pratique », concéda David. « Au moins, je n'ai pas besoin de produire deux rapports et de faire les calculs à la main. »

Alex pensait avoir compris pourquoi le siège avait pu croire que les valeurs de stocks étaient fausses. Il proposa son hypothèse à ses deux collègues : « Est-ce possible que la sélection pour le rapport MB5L ait été mal faite, laissant le siège penser que nos chiffres étaient faux ? »

« Tu as tout compris, Alex ! » confirma Élise. « C'est ce qui s'est passé la dernière fois aussi. En fait, MB5L propose la société et le domaine de valorisation (la division) dans la sélection initiale. Même si le domaine de valorisation est dans la sélection, je ne conseille pas d'inscrire la division dans l'écran initial. Ensuite, dans l'écran d'édition, il est toujours possible de calculer un sous-total ou de mettre en place un filtre. D'ailleurs, c'est la même chose pour toutes les zones sous le niveau de la société. »

> **Sélection MB5L**
>
> L'expérience nous apprend qu'il vaut mieux ne pas effectuer la transaction MB5L (liste de valeurs de stocks) en dessous du niveau de la société parce que les restrictions de ces zones, comme l'article et/ou le domaine de valorisation, peuvent mener à des résultats incorrects.

« J'y suis ! » s'exclama David. « Donc au siège, ils ont mis notre division CHC1 dans la sélection et ont obtenu un résultat incorrect. Étant donné que notre société GCI1 comprend d'autres divisions du groupe, les chiffres ne correspondaient pas à ce que nous avons présenté le mois dernier. Idéalement, nos collègues devraient effectuer la transaction pour GCI1 et faire un sous-total pour CHC1 afin d'obtenir les chiffres de notre division. »

« C'est tout à fait ça », répondit Élise. « Tu veux faire part de cette observation au siège et voir si c'est ce qui s'est passé ? »

« D'accord, je vais les appeler depuis mon bureau et je vous tiens au courant », dit David, enthousiaste.

« Qu'en penses-tu Alex ? »

12.6   OBYC : Détermination des comptes MM-FI

« Ça me paraît logique », dit Alex. « Merci pour l'explication sur le sujet. J'ai tout de même une question à te poser sur différents codes mouvement. L'autre jour, j'utilisais MB51 et j'ai remarqué que chaque article avait différents types de mouvements et que chaque mouvement avait différents flux comptables. Tu pourrais me donner un aperçu des codes mouvement ? »

« Bien sûr », répondit Élise. « C'est peut-être un peu technique, mais tu as l'air de t'intéresser à la configuration technique. Une fois que tu l'auras comprise, tu pourras visualiser le flux et te repérer efficacement dans le système. En fait, la transaction OBYC de *détermination de compte MM-FI* est au cœur de l'intégration de SAP entre ces deux modules. Grâce à elle, tous les rapports de gestion des articles que nous avons vus avec MMBE, MB52 et, MB5B et MB51 correspondent précisément aux rapports de comptabilité financière comme MB5L. Regarde ce graphique », dit Élise en montrant du doigt la Figure 12.9, qui présentait les codes mouvement et écriture comptables.

Le chemin de menus est le suivant : OUTILS • CUSTOMIZING • IMG • SPRO - TRAITEMENT DE PROJET • GESTION DES ARTICLES • VALORISATION ET IMPUTATION • DETERMINATION DES COMPTES • DETERMINATION DES COMPTES SANS ASSISTANT • PARAMETRER ENREGISTREMENTS AUTOMATIQUES • IMPUTATION.

Processus	Type de mouvement - Description	Transaction - Regroupement des comptes	Compte GL débiteur	Description du compte GL débiteur	Transaction - Regroupement des comptes	Compte GL créditeur	Description dedu compte GL créditeur
Achat de matières premières	101 - Entrée de marchandises pour commande d'achat	BSX	300000	Matières premières 1	WRX	191100	Elimination EM/EF - approvisionnement externe
Consommation de matières premières par ordre de process	261 - Sortie de marchandises pour ordre	GBB-VBR	400010	Cons matières prem 2	BSX	300000	Matières premières 1
Production d'articles semi-finis pour ordre de process	101 - Entrée de marchandises pour ordre de process	BSX	790000	Produits non finis	GBB-AUF	895000	Activité industrielle OF
Consommation d'articles semi-finis par ordre de process	261 - Sortie de marchandises pour ordre	GBB-VBR	890000	Mouvement de stocks en-cours	BSX	790000	Produits non finis
Production d'articles finis pour ordre de process	101 - Entrée de marchandises pour ordre de process	BSX	792000	Produits finis	GBB-AUF	895000	Activité industrielle OF
Échantillonnage pour inspection de qualité	331 - Sortie de marchandises pour échantillonnage pour inspection de qualité	GBB-VQP	237000	Frais utilisation contrôle de qualité	BSX	792000	Produits finis
Vente d'article fini	601 - Sortie de marchandises livraison	GBB-VAX	892000	Variation des stocks de produits finis	BSX	792000	Produits finis
Mise au rebut d'article fini	551 - Sortie de marchandises pour mise au rebut	GBB-VNG	890001	Mise au rebut matières - propre production	BSX	792000	Produits finis
Inventaire périodique (inventaire physique) d'article fini	701 - Entrée de marchandises pour correction d'inventaire physique	BSX	792000	Produits finis	GBB-INV	233000	Frais écarts d'inventaire
Charge d'inventaire initial d'article fini	561 - Entrée initiale de soldes de stock	BSX	792000	Produits finis	GBB-BSA	799999	Saisie de stocks (produits internes)
Consommation de matières premières du stock sous-traitant (stock spécial " O ")	543 - Sortie de marchandises du stock chez sous-traitant	GBB-VBO	400010	Cons matières prem 2	BSX	300000	Matières premières 1
Production de produits finis par sous-traitant (production)	101 - Entrée de marchandises du sous-traitant	BSX	792000	Produits finis	BSV	893010	Mouvement de stock - vente propre production
Production de produits finis par sous-traitant (facturation)	101 - Entrée de marchandises du sous-traitant	FRL	417001	Services externes	WRX	191100	Elimination EM/EF - approvisionnement externe

Figure 12.9 : Codes mouvement et écritures comptables

« Comme tu le vois », expliqua Élise, « le process est listé dans la colonne de gauche, puis tu retrouves, dans les colonnes suivantes, le code mouvement ainsi que les écritures au débit et au crédit. Tu trouveras également l'*opération* et le *code de regroupement des comptes*. Ce sont les termes de SAP pour le regroupement logique de types d'opérations semblables. Le code de regroupement des comptes génère les écritures comptables, avec la *classe de valorisation*. Je vais t'en montrer un exemple. »

Clés d'opérations et regroupement des comptes

 Les clés d'opérations servent à déterminer quels comptes grand livre seront utilisés par le système. Le regroupement des comptes sert à différencier la détermination des comptes en fonction de la procédure.

La clé d'opération est prédéfinie dans le système SAP et ne peut être modifiée. Le code de regroupement des comptes et la classe de valorisation génèrent les écritures comptables.

Attention à ne pas confondre une clé d'opération de la détermination de comptes MM-FI et un code de transaction. Un code de transaction est un code alphanumérique représentant une certaine tâche dans SAP. Il permet aux utilisateurs d'avoir accès directement à des tâches, sans utiliser le chemin de menus.

« Tu as peut-être vu une écriture comptable au moment de l'achat de matières premières, portée au débit des stocks et au crédit de l'EM/EF », dit Élise. « Eh bien la configuration de la transaction BSX (enregistrement mouvement de marchandise sur compte de stock) sert à enregistrer les mouvements de marchandise sur le compte de stock, tandis que WRX (compte d'attente EM/EF) permet d'écrire sur le compte d'attente EM/EF. Donc, quand tu utilises le code mouvement 101 pour enregistrer une entrée de marchandises de matières premières (classe de valorisation 3000) pour une commande d'achat, le système cherche les transactions BSX et WRX pour la classe de valorisation 3000 sur le compte GL et les enregistre dans la pièce comptable.

De la même manière, lorsque cette matière première est consommée à l'aide du code mouvement 261, le système cherche la transaction GBB (écriture de contrepartie pour l'enregistrement de mouvement de marchandisea sur compte de stock) pour le regroupement des comptes (consommation pour sorties internes de marchandises) et cela correspond au compte GL de la pièce comptable.

La détermination des comptes MM-FI est configurée au moment de la mise en œuvre d'origine ; une fois que c'est fait, ces comptes sont obtenus en coulisses. Évidemment, il faut tester la configuration avant de lancer le système, pour s'assurer que les bons comptes soient touchés par les transactions y correspondant. On peut changer cette configuration par la suite, mais la configuration modifiée doit être minutieusement testée, sinon il existe un risque de modifier des opérations communes. »

« Merci beaucoup Élise, j'ai compris maintenant », confia Alex. « L'autre jour, les auditeurs m'ont demandé de leur fournir les écritures GL de tous les échantillons consommés pour l'inspection de qualité d'un de nos articles finis. J'ai fait mes recherches et j'ai vu que chaque document article qui présentait le code mouvement 331 avait la même incidence comptable. À présent, je sais que le système utilisait GBB-VQP et BSX pour l'écriture. »

« Élise ! Alex ! Vous aviez raison ! » s'écria David en entrant en trombe dans le bureau d'Élise. « Nos collègues du siège utilisaient le domaine de valorisation dans la sélection. Je leur ai demandé de refaire le rapport au niveau de la société et ils ont obtenu les mêmes valeurs de stocks que nous. Merci beaucoup ! »

12.7 Conclusion

« À ton service, David », dit Élise. « Mon expérience m'a appris que le système fait toujours ce qu'il faut. Il suffit de savoir quoi lui demander. Très souvent, quelqu'un a fait une erreur d'opération ou n'a pas produit le rapport correctement. Qu'en penses-tu Alex ? »

« Je suis d'accord », répondit-il. « J'ai toujours appris beaucoup de choses en considérant que ce sont toujours les personnes et les processus qui posent problème ; le système, lui, fait toujours son travail correctement ! »

13 Conclusion : Et si nous rachetions une entreprise ?

« Alex, tu as appris la nouvelle sur l'intranet ? » demanda Bertrand un jour. « Nous sommes en passe de racheter un autre fabricant de confiseries qui s'appelle National Confectioners, Limited (NCL). Le siège est à la recherche de suggestions sur la manière de l'intégrer à nos activités et à notre système informatique. Je sais qu'à présent, tu connais assez bien notre configuration. Je peux vous demander, à Élise et à toi, de monter un dossier que nous présenterons à la direction ? Je vous présenterai François, le contrôleur d'usine chez NCL. Il vous expliquera la configuration qu'il utilise, pour que vous connaissiez tous les détails nécessaires. »

« Bien sûr Bertrand, c'est une opportunité très intéressante pour moi », répondit Alex.

Après quelques jours, Alex a eu une réunion avec Bertrand. « Voici ce qu'Élise et moi proposons, en nous fondant sur ce que François nous a dit », annonça Alex. « NCL utilise pour l'instant un système maison pour ses activités quotidiennes. Nous recommandons de les intégrer à notre système SAP pour tirer profit de notre configuration et harmoniser nos processus. »

▶ **La société** : NCL sera dotée d'une société distincte. La direction souhaiterait que NCL reste une entité indépendante, tout en bénéficiant de la portée du réseau de distribution de GCI.

▶ **Le plan comptable** : nous continuerons à utiliser le plan comptable existant. Cela facilitera la consolidation du reporting sur toutes nos sociétés. Nous devrons simplement agrandir les comptes GL pour comprendre la société NCL.

▶ **Le périmètre de résultat, version d'exercice et périmètre analytique** : puisque la direction souhaite obtenir une vue de rapport interne unique pour les activités de GCI et NCL, nous recommandons que NCL utilise le périmètre de résultat, la version d'exercice et le périmètre analytique de GCI.

▶ **Les divisions** : les trois usines de production de NCL seront configurées sous la forme de trois divisions indépendantes, affectées à la nouvelle société NCL. Il existe déjà beaucoup de mouvements de stock entre ces trois divisions. Nous envisageons également de nombreux mouvements entre les divisions de GCI et de NCL ; cela sera rendu possible via des transferts physiques internes.

▶ **Les ventes** : NCL utilise actuellement le réseau de distribution d'une autre entreprise. Elle passera à celui de GCI. Cela permettra à l'entreprise issue du rachat d'utiliser le système de ventes et de distribution de GCI.

▶ **Le centre de profit et les centres de coûts** : nous devons créer de nouveaux centres de profit et de coûts pour NCL. Les usines de production de NCL se retrouveront dans la hiérarchie de centres de profit et de centres de coûts, semblable à celle qu'utilise GCI.

▶ **Le type d'activité** : les inducteurs de coûts actuels de GCI sont la main-d'œuvre directe et les heures-machine. NCL utilise un inducteur supplémentaire pour les coûts d'installation de machines. C'est un coût général important pour NCL, qui préférerait continuer à pouvoir l'identifier dans notre système. Nous pourrions également utiliser ce type d'activité supplémentaire pour GCI. Toutefois, nous devons considérer les efforts que l'adaptation des recettes de GCI exigerait de l'équipe de planification de la production.

▶ **L'imputation des coûts** : outre les imputations de coûts dépendantes de la division, nécessaires pour copier la structure de GCI chez NCL, nous aurons également besoin d'imputations des coûts de siège pour NCL.

▶ **Les ordres internes** : puisque l'intégration de NCL dans GCI nécessite un investissement considérable sur les dix-huit mois à venir environ, nous recommandons l'utilisation d'ordres internes pour chaque fonction, de sorte que la direction puisse affecter des budgets et suivre les coûts réels.

▶ **La base de données articles** : GCI et NCL ont beaucoup de matières premières en commun, que nous devrions élargir aux divisions de NCL. Étant donné que nous avons très peu de produits finis en commun, de nouvelles bases de données articles seront nécessaires pour les articles finis.

▶ **Le processus de fabrication** : le système interne de NCL utilise actuellement des ordres de fabrication, mais pas de feuilles d'instructions. Nous envisageons d'appliquer les ordres de process à NCL, ce qui permettra d'harmoniser les processus et de tirer profit des feuilles d'instructions.

▶ **Les coûts de R&D** : NCL dispose d'une configuration dédiée à la recherche et au développement et a besoin de pouvoir suivre les coûts des ordres de process utilisés pour la R&D. Comme nous le savons, GCI n'a pas autant d'activités de R&D. Actuellement, nous sortons les marchandises dans un centre de coûts R&D. Nous proposons d'utiliser un nouveau type d'ordre de process pour la R&D. Chaque initiative de R&D serait créée sous la forme d'un ordre de process, imputé au centre de coûts.

« C'est excellent. Je suis ravi de voir toutes vos recommandations », dit Bertrand. « C'est exactement ce que voulait le siège. Merci beaucoup ! »

Alex et Élise avaient travaillé d'arrache-pied pour comprendre les besoins de NCL que leur avait expliqués François. Alex était particulièrement fier d'avoir pu mettre en application tout ce qu'il avait appris pour cette tâche particulière.

Note de l'auteur : Le module SAP Contrôle de gestion renforce les avantages qu'offre la nature intégrée du logiciel SAP. Alors que les processus du module SAP Comptabilité financière sont très semblables dans la plupart des entreprises, SAP Contrôle de gestion permet une certaine diversité puisque les exigences varient d'une entreprise à l'autre. Chaque installation client de SAP présente ses propres variantes de conception, mais l'objectif général est de donner à la direction une visibilité sur les activités de l'entreprise.

Comme vous l'avez sans doute remarqué dans le scénario d'acquisition, la grande majorité des concepts présentés dans les chapitres précédents a servi à parvenir à la conception du système proposée pour permettre d'intégrer une acquisition.

J'espère que vous avez apprécié ce parcours passionnant dans cet outil performant !

ESPRESSO TUTORIALS

Vous venez de finir ce livre.

A À propos de l'auteur

Ashish Sampat, expert qualifié en gestion financière et calcul du coût de revient (CCR), dispose d'une expérience de près de vingt ans avec les modules SAP Comptabilité financière et Contrôle de gestion destinés à l'industrie. Il a passé la plupart de sa carrière en qualité de consultant SAP pour plusieurs sociétés de conseil et travaille à présent comme consultant indépendant SAP FI/CO. Son travail consiste à proposer à des clients internationaux des secteurs des biens de consommation emballés, des sciences du vivant et de l'industrie, des solutions dans plusieurs domaines de SAP Contrôle de gestion, dont le CCR de produits, le ledger articles et la comptabilité analytique des centres de coûts. Ashish Sampat est né en Inde, où il a fait ses études, et vit actuellement dans la banlieue de Chicago avec son épouse et leurs deux enfants.

B Index

C Clause de non-responsabilité

Cette publication contient des références aux produits de SAP SE.

SAP, R/3, SAP NetWeaver, Duet, PartnerEdge, ByDesign, SAP Busi-nessObjects Explorer, StreamWork et les autres produits et services SAP mentionnés, ainsi que leurs logos respectifs, sont des marques ou marques déposées de SAP SE en Allemagne et dans d'autres pays.

Business Objects et le logo de Business Objects, BusinessObjects, Crystal Reports, Crystal Decisions, Web Intelligence, Xcelsius, et les autres produits et services Business Objects mentionnés, ainsi que leurs logos respectifs, sont des marques ou marques déposées de Business Objects Software Ltd. Business Objects est une entreprise du groupe SAP.

Sybase et Adaptive Server, iAnywhere, Sybase 365, SQL Anywhere, et les autres produits et services Sybase mentionnés, ainsi que leurs logos respectifs, sont des marques ou marques déposées de Sybase, Inc. Sybase est une entreprise du groupe SAP.

SAP SE n'est ni l'auteur ni l'éditeur de cette publication, et n'est pas responsable de son contenu. Le groupe SAP ne saurait être tenu res-ponsable d'erreurs ou omissions relatives au matériel. Les seules garan-ties concernant les produits et services du groupe SAP sont celles pré-sentées dans les déclarations expresses de garantie accompagnant, le cas échéant, lesdits produits et services. Rien de ce qui est contenu dans cet ouvrage ne saurait constituer une garantie supplémentaire.

Les autres livres d'Espresso Tutorials

Sydnie McConnell, Martin Munzel :

Vos premiers pas avec SAP®

- ► Apprenez à naviguer dans SAP ERP.
- ► Apprenez les bases de SAP: les transactions, entités organisationnelles, données de base.
- ► Suivez des exemples simples qui vous permettront de progresser pas à pas, présentés dans les vidéos explicatives intégrées.
- ► Découvrez la gamme de produits SAP et les nouvelles tendances d'évolution.

http://5184.espresso-tutorials.com

Ann Cacciottoli :

Vos premiers pas avec SAP Finance (FI)

- ► Une présentation générale des fonctionnalités essentielles de SAP Finance et de son intégration à SAP ERP
- ► Un guide permettant de saisir pas à pas les transactions
- ► Les capacités de reporting de SAP Finance
- ► Une pédagogie pratique s'appuyant sur des exemples et intégrant des captures d'écran

http://5185.espresso-tutorials.com

Dominique Laurent :

SAP® Contrôle des coûts par produit (CO-PC)

- ► Les concepts clés de SAP Calcul du coût de revient par produit
- ► Une pédagogie guidée, pas à pas, démontrant comment effectuer le calcul du coût de revient standard
- ► Des explications sur la manière de définir le prix des articles, d'analyser les écarts au niveau de la fabrication et de fournir les calculs du coût de revient
- ► La configuration détaillée de SAP CO-PC

http://5189.espresso-tutorials.com

www.ingramcontent.com/pod-product-compliance
Lightning Source LLC
Chambersburg PA
CBHW071425050326
40689CB00010B/1987